ATHLONE RENAISSANCE LIBRARY

ANTOINE DE MONTCHRESTIEN
Two Tragedies

ANTOINE DE MONTCHRESTIEN

Two Tragedies

Hector and *La Reine d'Escosse*

edited by

C. N. SMITH
University of East Anglia

UNIVERSITY OF LONDON
THE ATHLONE PRESS
1972

Published by
THE ATHLONE PRESS
UNIVERSITY OF LONDON
at 4 Gower Street, London WCI

Distributed by
Tiptree Book Services Ltd
Tiptree, Essex

U.S.A. and Canada
Humanities Press Inc
New York

0 485 13805 0 *cloth*
0 485 12805 5 *paperback*

Printed in Great Britain by
WESTERN PRINTING SERVICES LTD
BRISTOL

NOTE

The first version of *La Reine d'Escosse* was published in 1601: *Hector* was first issued three years later. As the text followed here is that of the 1604 edition of Montchrestien's plays and since its preface refers to *Hector* as the first play in the collection, it would be confusing to change the order. In the introduction, on the other hand, *La Reine d'Escosse* is discussed first, for it is a less mature work than *Hector*.

Montchrestien revised *La Reine d'Escosse* for the 1604 edition; the significance of the changes made is commented on below (Introduction, pages 3 and 4). Some modern editors of Montchrestien's tragedies present all the variants found in successive versions of the plays they are concerned with. This proceeding has drawbacks. The only really satisfactory way of noting the very numerous variants is to print in parallel the complete texts of both the 1601 and the 1604 editions, which is cumbersome and expensive, and there is also a danger that the variants will seem all-important. The better course here is to be content with offering a reliable text of the 1604 revised version of *La Reine d'Escosse*. Those who wish to study the development of the text through successive revisions will find all the variants recorded in the critical edition of the play prepared under the direction of G. Michaut and published in Paris in 1905.

It was originally planned that this edition of two of Montchrestien's tragedies would be prepared by Dr R. M. Griffiths and myself. When Dr Griffiths found that other commitments were preventing him from taking a full share in the collaboration, he proposed that I should complete the task on my own. Over the years I have had many opportunities of discussing French Renaissance tragedy with Dr Griffiths, and he has kindly agreed to my using here much material from his study, *The Dramatic Technique of Antoine de Montchrestien* (Clarendon Press, 1970). I am grateful for all the help he has readily given; I know too that our friendship will withstand a few differences of opinion about the dramatist on whom he has written so perceptively.

To Dr G. D. Castor and Dr J. C. Laidlaw I offer warm thanks for general encouragement, for opinions on various points and for kindly forbearance while I tried out on them some idea or other about Montchrestien. I also gratefully acknowledge Professor Mayer's help.

Grants of money from the Sir Ernest Cassel Educational Trust and the Special Travel and Research Fund of the School of European Studies, University of East Anglia, made it possible to complete the spade-work on the text in Paris. Most of the editorial matter was prepared in the University Library at Cambridge during a period of study leave from the University of East Anglia.

CONTENTS

INTRODUCTION

Garnier, La Taille and Montchrestien are the three great figures of French Renaissance tragedy. Garnier, following after Jodelle, had developed a form of tragedy characterized as much by poetic qualities as by dramatic intensity. Jean de la Taille, in his plays and his epistle *De l'art de la tragédie*, placed greater stress on the workings-out of the plot. There were all manner of exciting developments in French drama in the 1580s and 1590s, but Montchrestien, by choice or perhaps because of ignorance of them, stood aloof. Between *La Reine d'Escosse* and *Hector* may be seen a growth of interest in dramatic construction which Jean de la Taille would have applauded, though it is impossible to know whether Montchrestien ever read *De l'art de la tragédie*, for all that it was reprinted in Rouen in 1602. Professor Yarrow raises interesting questions in his article 'Montchrestien: a Sixteenth- or a Seventeenth-Century Dramatist?'[1] But, as will be seen, the specific sort of dramatic movement found in Montchrestien's tragedies is not foreign to the sixteenth-century tradition, and in other respects his plays plainly belong to the age that was passing. They are in the tradition begun at the Collège de Boncourt where the first learned tragedies in French were performed; they are a final flowering of development started by Jodelle and continued by Garnier. Less overtly concerned about the conventions of the genre than La Taille, yet (particularly in *Hector*) demonstrating a real flair for the organization of plot and dramatic incident, Montchrestien is the last and one of the greatest of the sixteenth-century regular rhetorical dramatists.

MONTCHRESTIEN'S LIFE

Not a lot is known about Montchrestien's life, and much of what has been discovered is hardly relevant to an appreciation of his plays. Antoine de Montchrestien was born in Normandy, at Falaise, around 1575. His parents died when he was still young, but

[1] *Australian Journal of French Studies*, iv (1967), pp. 140–8.

the fact that he had cause to complain that his guardian had not managed his affairs with scrupulous honesty, is some indication that he was not left penniless. Eventually he went to college, probably at Caen, as companion to two young noblemen. His tragedies and other writings plainly reflect the training in Latin and rhetoric which he received, and for Montchrestien, as for many sixteenth-century poets, a humanist education served as a preparation for original composition in the vernacular.

His plays are products of his early years. *Sophonisbe*, his first tragedy, was printed in Caen in 1596. A revised version of it was published in Rouen in 1601 along with four new tragedies, *L'Escossoise*, *Les Lacènes*, *David* and *Aman*. The aftermath did nothing to give Montchrestien fame or fortune. England exerted diplomatic pressure on the French authorities to ban performances of *L'Escossoise*, no doubt because of the subject of the play. Despite this set-back the tragedies were reprinted in Rouen in 1603. In 1604, also in Rouen, appeared what may be considered the definitive edition of Montchrestien's tragedies. *Hector* was added to the collection, the text of the other plays had been revised almost line by line, and *L'Escossoise* had been given the new title *La Reine d'Escosse*. This appears to mark the end of Montchrestien's interest in tragedy, and like many French Renaissance poets he turned away from imaginative writing after early manhood. In 1606 a reprint of the 1604 text was published in the far-away town of Niort, but it is generally agreed that this was a pirated edition. In 1627, after Montchrestien's death, Pierre de la Motte of Rouen published a puzzling volume: it begins with the 1604 preface, but contains only those five plays which had appeared in the 1601 edition, and for them the 1601 text is followed.

The latter part of Montchrestien's life was eventful. He had to flee to England after a duel. On his return he tried his hand at business, making cutlery, but success eluded him, though the venture may have influenced his thinking on economics. In 1615 appeared his *Traité de l'œconomie politique* which called for greater efforts by the state to organize trade and commerce. Montchrestien next went into shipping, again with no success. Finally he joined in the Huguenot revolt of 1621. He experienced varying fortunes until he was eventually killed in a scuffle. From his adherence to the rebels he had gained nothing but an unsavoury reputation.

It is not even certain that Montchrestien had religious motives for taking part in the revolt on the Huguenot side. His religion has been a matter of dispute, though he was, of course, well acquainted with Christian doctrines and turned to the Bible for the plots of *Aman* and *David*, as well as for the outline of a long poem about Susannah. At the time when he was writing his tragedies, Montchrestien was at least taking some pains not to offend the Catholics. In the 1604 edition a note by two local theologians was printed attesting that there is nothing in the plays that is heretical. On the other hand, Montchrestien did not, either then or later, go out of his way to defend or expound Catholic views. Eventually he married a Protestant and, as we have seen, fought on the Huguenot side in 1621. There is no way of gauging the religious convictions behind these actions, for mixed marriages and mixed motives were not unknown in the sixteenth century. The evidence of the plays is inconclusive, though a reading of *La Reine d'Escosse* in particular is sufficient to show that Montchrestien certainly did not adhere to the Protestant polemical tradition in drama, best exemplified in the plays of Louis Desmasures. *La Reine d'Escosse* offered every opportunity for a display of sectarianism, yet Montchrestien sees both sides of the problem and maintains an attitude of impartiality. He naturally assumes that his readers will be familiar with the Bible and basic Christian doctrines. But there is really no reason for thinking that Montchrestien was a particularly religious person or that he wrote in order to express his religious convictions or to advance the Protestant or Catholic cause.

A second problem to arouse much controversy is the question whether François de Malherbe influenced Montchrestien's revision of his plays, particularly *Sophonisbe*.[1] There is no doubt

---

[1] This question is treated in detail in the following: R. Lebègue, 'Malherbe correcteur de tragédie', *R.H.L.F.*, xli (1934), pp. 161–84, 344–61, and 481–96; G. O. Seiver, Introduction to his edition of Montchrestien's *Aman* (Philadelphia U.P., 1939) and 'Did Malherbe correct Montchrestien?', *P.M.L.A.*, lv (1940), pp. 968–78; R. Fromilhague, *La Vie de Malherbe* (Paris, 1954), pp. 150–6; and R. M. Griffiths, *The Dramatic Technique of Antoine de Montchrestien* (Clarendon Press, 1970), pp. 175–219. See also F. Brunot, *La Doctrine de Malherbe, d'après son commentaire sur Desportes* (Paris, 1891).

that around 1600 these two Norman poets did meet, and Malherbe, some twenty years older and a forceful personality, was in a
position to give Montchrestien advice. It is also agreed that
Montchrestien's revision of his plays is concerned, not with
modifications introduced for greater dramatic effect, but entirely
with polishing their style. In general terms, Montchrestien may
be said to have moved away from various poetic forms and
licences which had been freely used by Pléiade poets and of which
Malherbe disapproved. Nobody supposes that Montchrestien
was under the direct influence of Malherbe for long or that he
fully absorbed his teaching. Contemporaries did not see him as
one of his disciples. It is affirmed only that when revising
Sophonisbe Montchrestien was responding to the comments of
Malherbe who pointed out what he held to be blemishes in the
text, though he probably did not suggest actual improvements.
Any influence on the revision of the later plays would be indirect
and generally attenuated. On the other hand, some critics have
asserted that the evidence adduced is really just not strong enough.
For them, Montchrestien's revisions are accounted for by reference
to the general development of French poetic style around the
turn of the sixteenth century. The meeting between Montchrestien and Malherbe has been given too much importance, they
argue, though this is not to deny that the younger poet read the
work of his elder. This matter must not, however, be allowed to
loom too large here. It is interesting, but not so much for what it
reveals about the dramatist, as because, if indeed factual, it
would indicate that Malherbe's famous 'doctrine' was largely
complete some time before the *Commentaire sur Desportes*. By 1604,
the year *Hector* was first published, any possible impact of
Malherbe's teaching was a thing of the past, and it would be rash
to attempt to trace his influence in the 1604 revision of *La Reine
d'Escosse*.

MONTCHRESTIEN AND SIXTEENTH-CENTURY
TRAGEDY

French Renaissance tragedy resembles in many ways French
tragedy of the *Grand Siècle*, but the similarities are often deceptive.
To judge the plays of Montchrestien by the standards of classical

drama or—even worse—by those of the *pièce bien faite* is a sure road to disappointment. There have been several attempts to trace a line of continuous development from Jodelle to Corneille, but the rewards are meagre, and comparative studies of this sort usually lead to disparagement of sixteenth-century drama. French Renaissance tragedy deserves to be regarded as a distinct subspecies (not an inferior species) of drama, derived from the ancients yet possessing qualities of its own and reflecting contemporary preoccupations.

Montchrestien did not begin writing until half a century after the performance of the first learned tragedy in French, Jodelle's *Cléopâtre*. The revived genre had had only a limited success, and other plays, especially didactic religious dramas, derived directly from the medieval tradition, continued to be performed. Yet the more erudite poets remained true to the concept of tragedy launched by Jodelle. Some gradual evolution can be noted. Thus it is only with Garnier that the Alexandrine emerged as the sole metre acceptable in dialogue, and Jean de la Taille demonstrated how suitable Scriptural plots were for treatment in learned tragedy. As the century passed, political events came to be reflected more explicitly in the plays. Repeated efforts were made, by study of the ancient authorities and of the ancient plays themselves, to clarify the rules and conventions of the genre. On the other hand, there was little thinking about the basic problems of drama, and theorists and practitioners do not always seem to have been in close contact. From the relative lack of change in the genre over some fifty years we may infer that tragedy of this type was found satisfactory by certain contemporary criteria. The enthusiastic liminary poems in which the dramatists' friends praised their work confirm this view and also show what it was in these plays that excited admiration in the sixteenth century.

The external conventions of French sixteenth-century learned tragedy have much in common with those of seventeenth-century classical tragedy. This is only natural, for these came, in each case, ultimately from the ancients. Unity of place, if known at all, was still a nebulous concept, a mere by-product of the universally accepted convention of confining the action within a period of twenty-four hours. The use of a chorus in lyric metre to separate the acts (and sometimes to round off the play at the end too) was obligatory. Little regard was paid to the *liaison des scènes*. But these points apart, there is little in the external conventions of sixteenth-century tragedy which will seem strange to readers familiar with Corneille. The differences come at a deeper level.

The plot is concerned with the misfortune of an illustrious historical or mythical personage. Love has yet to become the passion supremely suitable for examination in tragedy, and we more often see a defeated general than a forlorn lover. The early playwrights do not concern themselves primarily with analysing either the cause or the moral implications of the disaster, nor do they typically portray the struggles of the hero to escape from it. Rather, they conceive tragedy as the presentation, in a sequence of apt speeches, of a signal calamity and of a hero's exemplary response to it.

The obligation to begin *in medias res* necessitates expository scenes, just as the convention banishing violence from the stage naturally leads to a development of messenger-speeches, especially in the concluding acts. It is not difficult to see how these parts of the play, like the choruses too, could be appreciated by sophisticated and cultured audiences as set-pieces, that is, as individual speeches or sequences of speeches whose function and purport is perfectly obvious and which give pleasure principally by their aptness and by their treatment of recognized themes. In the dramatic action proper, things are not very different. A certain movement comes from the hero's successive attempts to reconcile himself to events. Sometimes false peripeteias, suggesting for a little while that disaster can be averted, are used to produce variety of tone; in other plays the hero's attempts to discover what is in store give direction to the plot. But interest does not really derive from the hero's endeavours to avert his fate. The plot of a sixteenth-century tragedy is, false peripeteias apart, basically a sequence of scenes presenting the realization of impending misfortune, a description of the actual disaster, and the sorrow and admiration of the onlookers. Instead of plots full of bustling activity, what we have here are a number of essentially static scenes in which the nature of the misfortune is expounded, eloquently lamented and in the end nobly accepted. There is a story-line, and there is an appearance of dramatic movement, but this is specious. In various scenes we begin with a situation and sometimes (but by no means always) end with action taken in response to it, yet this does not change the situation. Interest focuses in fact not so much on the events as on the characters' responses to them, and not so much on the action as on the speeches.

How was it that drama of this sort could win the admiration of the intelligent cultured audiences for which it was specifically intended? One point frequently made is that these early dramatists and their public were perhaps bemused by Seneca. In an age when ancient writers were being enthusiastically imitated in France, his Latin tragedies were more readily accessible than the Greek plays, and Seneca displays a marked taste for static rhetorical display coupled with an interest in stoic responses to ineluctable Fate. But Seneca's influence is only a partial explanation. Sixteenth-century French poets did not imitate the classics blindly, and there are features of Seneca's plays which they would not accept as models, his episodic and incoherent plots, for example. It is more likely that they took over his basic concept of drama as a structured series of fundamentally static speeches for two major reasons. Sixteenth-century minds were, as we shall see later, very susceptible to the doctrines of stoicism implicit in drama of this type, and Renaissance taste was passionately fond of rhetorical display. No state, municipal or academic occasion was complete without its speeches. Oratory was the most prized skill of the man in public life, and much of what would nowadays be called secondary education was devoted to the teaching of rhetoric. It would be rash to see close links between basic training in rhetoric and the mature writings by Renaissance authors, but it is plain that the early tragedies were composed by and for people who took a sophisticated and informed pleasure in speeches presented in more or less set forms. In the law-courts and representative assemblies rhetoric was, of course, used for the presentation of argument and debate. But in Renaissance France oratory was tending to become more and more static, being devoted to the expression of a single theme or emotion, to the presentation, not of an argument, so much as of a point of view. This tendency is reflected in the tragedies of the period where the dramatists display great eloquence in the monologue but rarely present a genuine discussion in which one of the parties is persuaded to change his mind. Two characters may meet and talk together, and stichomythia is often used to indicate rising emotion. But usually neither of the speakers is convinced by the other's arguments, and the altercation is employed only to enable the speakers to reveal their own character. Used as we are to a more naturalistic style of dialogue and haunted by the suspicion that eloquence is the handmaid of insincerity, modern readers must mistrust their first reactions towards early French tragedies, for in them the interest centres, not on developing plot and evolving character, but on eloquent and elegant expression within the confines of predetermined forms.

Renaissance rhetorical training had, of course, classical origins, though in many ways it only continued the medieval tradition. Lip-service was paid to the importance of talent, but nobody doubted the need for instruction based upon precept and example. The student was given a thorough grounding in the tropes and figures, and he was also taught how to plan speeches on various topics. Recently Dr Griffiths has drawn attention to the significance of the *progymnasmata rhetoricae*, collections of specimen compositions offered for study and as models for the pupil's own work. Among these is one especially relevant to dramatic writing: it is called prosopopoeia (or sometimes ethopoeia). The object was to invent the sort of speech that a named historical or mythical character might pronounce in a given situation. The speech is dramatic in so far as it is supposed to be the words of a character other than the author, who is not at liberty to comment on him as a novelist might, yet there is no question of putting the speech into a dramatic plot.

The Greek rhetorician Libanius is one of the many authors who composed a set of *progymnasmata*: it includes a score of examples of prosopopoeia. Erasmus translated into Latin three of these speeches composed, as it were, for delivery by a named character, and these were frequently printed as an appendix to sixteenth-century editions of what purport to be the eyewitness accounts of the fall of Troy by Dictys and Dares. (Dares was, we shall see, a major source for *Hector*, though it is impossible to ascertain whether Montchrestien used an edition containing these translations from Libanius.) The first of the three orations is supposed to be delivered by Menelaus, the second by Medea, and the third is 'the declamation pronounced by Andromache on Hector's death'. People who, after reading two separate accounts of the fall of Troy, turned next to three speeches on much the same topic by Libanius (*declamationes tres Libanii Sophistae eiusdem fere argumenti*), would be sure to relish the essentially static rhetorical elaboration of *Hector*.

This taste for static rhetoric would not perhaps have left so marked an imprint on the early tragedies if it had not accorded well with other tendencies. Stoicism was a major force in the sixteenth century. Derived from the ancients, vouched for by the most glittering names of Greece and Rome, yet familiar throughout Europe since medieval times and apparently compatible with Christianity with which it had always had links, stoicism had much to offer. Montchrestien's plays reflect an ethical outlook whose attractiveness particularly in the war-troubled France of the later sixteenth century is well known. Montaigne and Du Vair are among the most famous authors to be influenced by its doctrines, and it is clear that Montchrestien was acquainted with their writings. A basic stoic doctrine is that events are beyond human control. Some Renaissance writers try to reconcile classical concepts of Fate with Christian ideas of providence, but there appears to have been very general acceptance of the view that events are foreordained and unalterable. They may be foreseen; they cannot be averted. Man is powerless in the face of the ineluctable, yet has one consolation. By doing his duty, maintaining his personal integrity and refusing to let his emotions reign over his reason, he can establish moral superiority over powers that crush him regardless of his personal merit. It is in part because such attitudes were widespread in Renaissance France that the sort of tragedy outlined above could be found acceptable. A hero is threatened by a calamity he is powerless to escape; yet by his eloquence he displays how with his intelligence, by his control of his emotional attitudes, he can achieve a magnanimous triumph over outrageous fortune.

Like most French Renaissance dramatists, Montchrestien emphasizes in his dedicatory epistles the moral lessons taught by his tragedies. Claude Mermet was even more explicit in the dedication and preface to his *Sophonisbe* (Lyon, 1584), a version of Trissino's influential Italian play. His explanation of the value of

tragedy for the edification of both the great and the humble
conveniently sums up views which are often less forthrightly
stated. He writes that the reading of tragedies is 'autant profitable,
que pitoyable, à tous Seigneurs qui desirent embrasser la vertu,
pour infaillable gouvernail de leur navire'. As for those who are
not princes, they should reflect 'voila comme les grands après
avoir esté supreme authorité deviennent quelquesfois petits, et
finent miserablement leur vie, à l'exemple de ceux-cy. Quoy
consideré le menu peuple ne se doit esbahir s'il a quelquefois des
calamitez et pauvretez: car la misere est commune aux grands à
leur tour, aussi bien qu'aux autres, Qui est un bel argument à
chacun de se despouiller de toute sorte d'orgueil, ambition, et
mesconnoissance, se vestir et parer (par la main de la vertu) de la
robe d'humilité et douceur, pour estre conduit, et accompagné à
une louable, et heureuse fin.'

Statements like this abound, and plainly they cannot be
ignored. On the other hand, it seems that some critics, finding
little in the plays to appeal to their sensibility, have been tempted
to put too much stress on the didactic side of the early regular
tragedies. Renaissance poets were chary of arguing that they wrote
primarily to give delight. Except in the case of their very lightest
amorous verse they invariably felt obliged to bow publicly to
Horatian ideals of mingling aesthetic pleasure with moral
edification. In *Montchrestiens Tragödien und die stoische Lebensweisheit*
(Berlin, 1932), Kurt Willner shows to how large an extent
Montchrestien's plays reflect contemporary ethical attitudes.
Willner tends, however, to rely on quotations out of context, and
his detailed examinations of the intellectual content do not enable
us to respond more warmly to the actual plays. Recently Dr
Griffiths has argued that in these tragedies aesthetic considerations
are paramount. Certainly it is important to recall that contemporary theorists usually regarded even the *sentences* (or maxims)
found in such abundance in the plays as ornaments of poetic
style. They should be enjoyed rather as, say, epic similes are, and
not be taken as rudimentary indications of the poet's views. The
choruses too, full of moralizing as they are, can be savoured as
deft and apt reworkings of themes from Horace or the Psalms.
Renaissance tragedy has a moral basis, as we have seen, and much
attention is devoted to the expression of ethical attitudes. Unlike

Protestant drama, on the other hand, it does not subordinate every other consideration to didactic purposes. These tragedies give pleasure. They do so, in part, because they embody the ethical thought of the age and express it in a form which is essentially related to that thought. They also delighted their first audiences and readers because they could convincingly claim to be vernacular re-creations of some of the most remarkable literary works of antiquity whilst satisfying fully sixteenth-century pre-dilections for oratorical prowess. Heed must, of course, be paid to the moral attitudes expressed in the plays of Montchrestien. But the strength of his tragedies lies in a particular type of dramatic structure and in the employment of the arts of language. For in these plays the prime interest is not on what men do or on what they think; it is on what they say and on how they say it.

LA REINE D'ESCOSSE[1]

The long imprisonment and the execution of Mary Queen of Scots made a deep impression in France. Traditionally France had aimed to secure influence in Scotland in order to threaten England's northern border. The sixteenth century saw the final failure of this policy. Maintaining the Auld Alliance, James V married Mary of Guise-Lorraine in 1538. Henry VIII's response was invasion, and on 25 November 1542 the Scots were defeated at Solway Moss. Soon afterwards James V died, only a week after the birth of his daughter Mary Queen of Scots. For a time English influence was strong; by the Treaty of Greenwich Mary was to have married the future Edward VI. But on Henry's death the alliance with France was revived, and under the Treaty of Haddington (1548) the five-year-old Mary was sent to France to be betrothed to the Dauphin, Henri II's son, who became François II. Elizabeth's accession to the throne of England meant, with the ending of the Catholic interlude under Mary Tudor, an

[1] For a standard account of Mary Queen of Scots, see William Croft Dickinson's *Scotland from the earliest times to 1603* (Nelson, 1961). In *Queen Elizabeth I* (available in Pelican Books) J. E. Neale presents Elizabeth's dilemma clearly and succinctly. James Emerson Phillips examines contemporary reactions to the execution of Mary in *Images of a Queen: Mary Stuart in sixteenth-century literature* (University of California Press, 1964).

exacerbation of the conflict with France and Scotland. To the Catholic powers, Elizabeth was illegitimate and had no just claim to the English crown which ought to fall to Mary Queen of Scots. When, on Henri II's death after an accident at a tournament, François II became king of France, Elizabeth's situation appeared perilous. But thanks to military successes and astute policies of supporting dissident Scottish nobles, she was able to dictate the Treaty of Edinburgh in 1560. By its terms Elizabeth's right to the English throne was admitted by the Scots, French influence north of the border was much reduced, and tolerance was guaranteed to Protestants. In a sense all Mary Queen of Scots' policy was to be an abortive attempt to reverse this Treaty.

Her mother, who had been Regent while she was in France, died in 1560; her husband, François II, died six months later; and on 19 August 1561 Mary landed at Leith after her long absence. She was eighteen. From the outset her Catholicism offended many among both nobility and populace, and her marriage to the ambitious and devious Darnley alienated what sympathy she retained. Soon Darnley was implicated in the murder of Mary's secretary, Rizzio, and he himself was killed in suspicious circumstances. Mary's discredit was completed by her strange marriage to Bothwell shortly afterwards. Political and religious pressures built up, and in July 1567 Mary had no choice but to abdicate in favour of her son by Darnley, James VI of Scotland who in 1603 became James I of England. All Mary's endeavours to establish internal peace had been in vain, and she fled to England, throwing herself on Elizabeth's mercy. Mary was held in custody for sixteen years, plotting repeatedly and providing a focus for Catholic opposition to the English queen. Events moved against her in the 1580s, and, as external pressures grew, Parliament and Elizabeth's ministers demanded that the issue should be settled. The discovery of the Babington Plot brought the crisis, and on 8 February 1587 Mary Queen of Scots was beheaded at Fotheringay Castle, near Peterborough.

Throughout all this, the French court had found itself virtually powerless. Catholic Europe was shocked, as was to be expected, but France was paralysed by the Wars of Religion, and it was left to Spain to avenge Mary's death. The defeat of the Spanish Armada proved, however, the accuracy of the calculation that

England was safe from foreign enemies provided there was political stability at home. For a time Mary appeared to Catholics as she presented herself at her execution, as a martyr for the Faith, but there was nothing to redeem the total failure of her policies.

After Mary's execution there was a flood of polemical pamphlets more or less accurately recording the facts and ferociously debating an unprecedented action, the execution in cold blood of an anointed monarch on the orders of a queen. Some ten years after the event Montchrestien wrote the first version of his play on the subject. It is difficult to be sure exactly which historical sources Montchrestien went to when writing *La Reine d'Escosse*, for there are several contemporary accounts of Mary's execution, and many details are common to them all. Montchrestien may also have turned to secondary sources, and the outline of the events was undoubtedly common knowledge at the time. In his article 'Les Sources historiques de la *Reine d'Escosse*',[1] Gustave Lanson lists a number of works published in 1587 and 1588 which Montchrestien may well have used. (It is now known that the 1588 *Oraison funèbre* for Mary, formerly attributed to Renaud de Beaune, is in fact an early work of Guillaume du Vair.[2]) The notes to this edition refer to various details from the books Lanson mentions. It was, however, established by Frances Yates that Montchrestien's major source was Pierre Matthieu's *Histoire des derniers troubles de France* (1597).[3] In this work Matthieu gives an allegedly eyewitness account of Mary's execution, takes some pains to give a balanced evaluation of events, and finally comments on them in terms likely to arouse the interest of a dramatist: 'Voila une vie bien tragicque et un vray tableau de la vanité des grandeurs du monde. Admirable meslange de felicitez et miseres des Princes.'

The dramatization of topical affairs is not a characteristic proceeding of regular tragedy, and La Taille denied its legitimacy.

---

[1] *Revue Universitaire*, xiv (1905), pp. 395–408.

[2] See René Radouant, *Guillaume du Vair* (Paris, 1907), pp. 105–29. The oration is reprinted in G. du Vair, *Actions et traictez oratoires*, S.T.F.M., ed. R. Radouant (Paris, 1911).

[3] See Frances A. Yates, 'Some new light on *L'Ecossaise* of Antoine de Montchrestien', *Modern Language Review*, xxii (1927), pp. 285–97.

Yet Montchrestien's presentation of disaster befalling a noted contemporary figure has precedents. Chantelouve had written a tragedy on the shooting of Coligny, and Matthieu and the more gifted Belyard had portrayed the murder of de Guise, whilst Jacques de Fonteny's *Cleophon* of 1600 presented the assassination of Henri III in transparent allegory.[1] From the information about sources now available, we may be sure that Montchrestien took some pains to inform himself about Mary's execution and the events preceding it. But it is also plain that he suppresses many details, probably because their inclusion might impair the dignity of his theme. Thus, at the end of Act V, there is a reference to the beauty of the queen's hair. Now, many historical accounts record (and even dwell on the fact) that when the executioner attempted to grasp Mary's head and hold it up for all to see, it was discovered that the queen had turned grey and that she had been wearing a wig. For *La Reine d'Escosse* Montchrestien took a contemporary subject which was recognized by his contemporaries as eminently tragic. His treatment is substantially true to the well-known facts. But this is no detailed reconstruction of past events: instead, Montchrestien composes a perfectly orthodox rhetorical tragedy on a topical subject.

La Reine d'Escosse obviously is not a play about the conflict between the Queen of England and the Queen of Scots. Convention obliged Montchrestien to divide his tragedy into five acts, and it is easily seen that the act-divisions mark distinct steps in the plot. Nonetheless, it is more useful to analyse the action of the play according to the tripartite scheme of *protasis*, *epitasis* and *catastrophe*.[2] The first two acts, in which Elizabeth consults with her minister and with Parliament, serve principally as exposition. The historical situation is presented, for the fact that the events were still familiar to everybody did not lessen the desire for a full

---

[1] François de Chantelouve, *La Tragédie de feu Gaspard de Colligny*, Textes littéraires, ed. Keith Cameron (Exeter, 1971); Pierre Matthieu, *La Guisiade* (Lyon, 1589); Simon Belyard, *Le Guysien* (Troyes, 1592); Jacques de Fonteny, *Cleophon* (Paris, 1600).

[2] See, e.g., the extracts from Donatus in H. W. Lawton's *Handbook of French Renaissance Dramatic Theory* (Manchester University Press, 1949), and Keith Cameron's introduction to his edition of Rivaudeau's *Aman*, Textes littéraires français (Droz, 1969).

exposition, and we learn how Elizabeth finally consented to the execution of her royal captive. The English queen is not shown as a bloodthirsty virago, but as a woman who despite her scruples finally has no option. She gradually is won over and accepts the advice she is given, and her change of heart is what gives some movement to what might otherwise be too extended an opening. These two acts are protatic, then, introducing the action proper and giving the play initial momentum. Elizabeth does not appear again; like the ghosts and furies who typically pronounce protatic monologues, she is seen no more, but she has, of course, set the tone of the play and will continue to be a predominant influence on events.

By later standards, *epitasis* might appear a strong term to apply to the development of the plot in Acts III and IV. Yet a distinct progression comes, not from a sequence of external peripeteias, but from the presentation of Mary's changing moods as she adjusts her responses to her predicament and eventually, fortified by her faith, attains complete self-mastery and magnanimous serenity. Mary first presents the situation as she sees it as a woman who has known prosperity and grievous misfortune. This contrasts with Elizabeth's conception of her as a person who, though capable of stirring up strife and unleashing civil war, must be treated circumspectly since she is a queen. Mary hopes for release, but her optimism is soon dashed by the announcement that she must prepare to die. She does not fight for life. Instead she shows in the next act and a half how a great heart comforted by Catholicism can triumph over tribulation. Interest is focused, not on events, but on Mary's mental processes and on her eloquent expression of successive moods.

The *catastrophe* centres, as is usual in ancient and Renaissance tragedies, on a messenger-speech recounting in circumstantial detail the last actions and words of the heroine. Here, as throughout the tragedy, the reactions of the secondary characters and the comments of the chorus bring out the full meaning of what is happening and stress various aspects. But Montchrestien does not examine closely Mary's relationships with the people around her, for all that she is mindful of their suffering and that they are deeply affected by her misfortunes. Throughout the play it is stressed that Mary's execution is all the more horrible because she is a queen and comes of royal stock. The opinion was wide-spread in the sixteenth century that, even if they had done wrong, anointed monarchs merited treatment quite different from that proper for common malefactors or erring noblemen. As anointed vice-regents of God in their various realms, they were not answerable for their actions to other monarchs nor subject to normal positive law. This consideration adds an extra factor to the dilemma facing Elizabeth. It also makes Mary's misfortunes even harder and her triumph over them even more striking.

Historically the events shown in Acts I and II took place in Richmond, those portrayed in the remainder of the play at Fotheringay Castle, in Northamptonshire. Montchrestien does not mention these facts. Such is the general vagueness of French sixteenth-century accounts of English topography that it is possible he did not even realize the settings of the two parts of his play were in fact separated by eighty miles. On the other hand, it is plain that Montchrestien has made no effort to confine the action to a single place in the manner which became familiar in the seventeenth century, though he does not stress the change of setting. The tragedy has a typical *in medias res* opening with questions indicating that the crisis is near. It was in 1568 that Mary had fled to England, and she had been kept in respectful captivity in various places until the Babington Plot. Mary was tried at Fotheringay Castle by a special commission and found guilty. In the autumn of 1586 Elizabeth was under pressure from her advisers to condemn Mary to death, the events portrayed in Act II corresponding to the meeting Elizabeth had with the Parliamentary deputation at Richmond on 12 November. She still delayed her decision, and it was not until 1 February 1587 that she signed the death warrant. Mary, who had already had warning of what to expect, was told on 7 February that she would be executed the next day. Thus the historical material far exceeds the limits of the unity of time which was familiar to regular dramatists in the sixteenth century. Montchrestien does not contrive his plot so as to observe the unity of time with ostentatious dexterity. Instead he suppresses references to precise dates and so provides a plot which does not appear to flout convention.

HECTOR

More orthodox than *La Reine d'Escosse* in structure and choice
of subject, *Hector* marks a culminating high-point in French
Renaissance tragedy. Fate hangs heavy over this play, and every
peripeteia is speedily shown to be a false one. In his epistle *De
l'art de la tragédie* La Taille wrote that 'le principal point d'une
Tragédie' is 'de la sçavoir bien disposer, bien bastir, et la deduire
de sorte, qu'elle change, transforme, manie, et tourne l'esprit des
escoutans de çà de là, et faire qu'ils voyent maintenant une joye
tournee tout soudain en tristesse, et maintenant au rebours, à
l'exemple des choses humaines'. *Hector* meets these requirements
fully (though there are no grounds for supposing Montchrestien
read La Taille). Again and again the situations appear to change;
a species of dramatic tension is produced as Montchrestien creates
a series of apt occasions for speeches expressing a wider range of
moods than is found in many early tragedies. Yet the fundamen-
tal relationship between man and events remains as it is in other
plays in this tradition.

Andromache, Priam and Hecube try to shelter Hector from
Fate, but in vain. Hector eventually sallies out to do battle with
Achilles. He disregards all entreaties except for one, and that he
listens to only for a short time. He even goes against the orders of
his father the king rather than tarnish his honour. A later dramatist might have stressed Hector's disobedience to his father, making
it a tragic flaw for which he is disproportionately punished,
whilst his pride in military prowess could have amounted to
hubris. But this is not the way Montchrestien treats his subject.
Sixteenth-century tragedy is concerned with the portrayal of the
hero in misfortune; some theorists asserted that the disaster will
be even more striking and his response even more impressive if
he suffers though wholly innocent. Fate has decreed Hector's
death, and there is no saving him. A lesser man might try to run
away, Saül in La Taille's tragedy is consumed by the desire to
know what is in store for him, but Hector is the noblest hero of
them all. Nothing but other interpretations of the call of duty
can influence him in any way, and even these, he soon realizes,
are overridden by a higher imperative. To give his protagonist

heroic stature Montchrestien weaves the plot around the only consideration which Hector might fittingly take into account, that is, the arguments that he has obligations additional to his duty to be true to himself.

In *Hector* we see an image of man as conceived by the stoics. Duty to parents, to native land, to comrades-in-arms, above all the duty to live up to one's own reputation, these are Hector's guiding principles. Fate is no respecter of persons, having indeed a tendency to destroy the greatest in order to show its power, and its decrees are immutable and inscrutable. Hector knows his virtue is no defence, and he does not look forward to some ultimate reward in the next world. Fame on earth is the goal he strives towards, and he aspires to be remembered as a man who maintained personal integrity in the face of inhuman Fate. He will prove he is superior to events by controlling his emotions through the exercise of will and intelligence. The point is driven home when in l. 2248 the Messenger, echoing Montaigne, scornfully declares that it was Achilles' rage that had despoiled Hector's corpse, not Achilles himself.

Montchrestien could have dramatized no better-known story than the death of Hector. To name the hero is to outline the plot, and this adds to the conviction that all is foreordained. The extent to which Montchrestien counts on our being familiar with the story is indicated by the host of names which are mentioned with never a word of explanation. There is an exposition, of course, but it serves, not to tell us something new, but to delight us by a deft presentation of what we already know. The most cursory reading reveals that Montchrestien has not relied exclusively on what might seem the obvious authority, Homer's *Iliad*.

It is not from Homer, but from Dares the Phrygian, that Montchrestien takes the outlines of his plot. The Greek original, now lost, of *De excidio Troiae historia* (*The History of the Fall of Troy*) was probably written in the first century A.D.; in Latin translation it was well known in the Middle Ages. Along with Dictys of Crete's *Ephemerides Belli Troiani Libri* (*A Journal of the Trojan War*), it was also printed many times in the Renaissance.[1] A translation into

[1] A translation of the two texts and an informative introduction is found in R. M. Frazer's *The Trojan War: the Chronicles of Dictys of Crete and Dares the Phrygian* (Indiana U.P., 1966).

French by Charles de Bourgueville came out in 1572, and Montchrestien may have used it.[1] The account of the fall of Troy offered by Dares had considerable attraction for Montchrestien. Dares claims to be a Phrygian (i.e. a Trojan) who personally witnessed the events he describes. He emphasizes the veracity of his history and is scornful of Homer who made the gods behave indecorously and interfere repeatedly and capriciously in human affairs. Sixteenth-century dramatists preferred plots of unquestioned historicity, and Horatian convention precludes the intervention of gods. Moreover, Dares views the action from the Trojan angle.

From Chapter xxiv of Dares' account come only the bare bones of the plot. It is from Homer (most likely read in Amadis Jamyn's French translation which first appeared in 1580 and was reprinted in 1595) that Montchrestien derives ideas for the actual content of the various scenes and a host of minor details. Montchrestien's debt to the *Iliad*, especially Books vi and xxii, is considerable, and in the Notes attention is drawn to striking verbal parallels between *Hector* and Homer's epic. But Montchrestien does not follow Homer slavishly. He takes from him only what is compatible with a concept of the plot derived directly from Dares, and everything taken from the *Iliad* is refashioned. An interesting exception to this generalization is the treatment of Heleine's speech in Act III, which is related to a conversation between Helen and Hector in Book vi of the *Iliad*. Here Montchrestien substitutes an extended prosopopoeical speech.

Even greater is Montchrestien's stylistic debt to Homer. The *Iliad*, as has often been remarked, contains many magnificent speeches, and Montchrestien takes up the Homeric tradition of the hero who is as eloquent as he is energetic. In *Hector* we see certain elements of typical epic style. Thus we find examples of epic similes in which the details of the image are developed, as if for their own decorative sake, far beyond the mere point of comparison. It may be noted that in his translation of the *Iliad* Jamyn thought it worthwhile to draw attention specifically to the similes. Montchrestien also frequently uses name-epithet formulas in Homeric fashion, linking proper names with their traditional

[1] Charles de Bourgueville, *L'Histoire véritable des Grecs, et des Troyens* (Caen, 1572); a facsimile was printed at Caen in 1893.

characteristic adjectives. Ultimately from Homer too comes the habit of varying proper names with patronymics, near-synonyms and allusive descriptions. It is an indication of Montchrestien's views on the style proper to tragedy that he turns away from Dares who writes in a plain, dry and simple manner, and takes his lead from Homer.

Throughout *Hector* there is a great deal of talking about warfare, especially about the correct tactics to be adopted by a besieged garrison and the duties of a commander. Some mention of such matters is, of course, to be expected in a play about the Trojan War, but Montchrestien plainly does not minimize these aspects. During the Renaissance the art of war was of great interest, not just to a few specialists, but to all gentlemen, for they still looked upon themselves first and foremost as soldiers. Fire-arms were revolutionizing warfare, yet history and classical authorities were still eagerly looked to for guidance and a vast amount was being written on generalship. In his early essays, in which he discusses battle-tactics and, even more significantly, the course commanders should adopt at sieges, we may see Montaigne behaving as a typical Renaissance gentleman. The titles of these essays are an adequate guide to their content: 'Si le chef d'une place assiégée doit sortir pour parlementer' (I.v), 'L'heure des parlemens dangereuse' (I.vi), 'On est puni pour s'opiniastrer à une place sans raison' (I.xv), and 'De la bataille de Dreux' (I.xlv). This was only a passing phase for Montaigne, but for many of his contemporaries it was an abiding concern. So Montchrestien, who eventually would campaign himself, was entitled to judge that a goodly proportion of the people to whom his work was addressed would be predisposed to take an interest in all the discussion of warfare and generalship which is, of course, perfectly appropriate in the mouths of Hector, Priam and Antenor.

Hector was perhaps never performed, so we can only speculate about the settings Montchrestien had in mind. In Act IV, Cassandre and Andromache see Priam some time before he notices them. This may indicate that they are in 'ceste maison' (l. 2080) into which the fainting Andromache is carried in Act V. All we need imagine is an open space within the walls of Troy bordered on one side by the palace with a practicable door and a window overlooking the stage. Such settings are often required for plays of this period, as Brian Jeffery shows in his *French Renaissance Comedy* (Clarendon Press, 1969). Ideally perhaps the palace would accord with Homer's description of it as a magnificent building fronted with marble colonnades. What is remarkable is the way Montchrestien exploits this setting. Sixteenth-century dramatists were adept at building up tension by playing on the twenty-four-hour time-limit. Whether Montchrestien knew more about a theoretical unity of place than his predecessors and contemporaries is questionable. Yet there is no tragedy of this period in which a single set is used more powerfully to produce a sensation of claustrophobia. Montchrestien conveys a feeling of confinement within the ramparts of a besieged city. Horatian convention required that violent action should take place off stage, but in *Hector* this serves, while giving occasion for oratorical display, to heighten our awareness that the calm we see on the stage is the calm at the centre of the whirlpool.

STYLE

It is instructive to collect the terms used in the sixteenth century to praise a playwright's style. The words selected are almost identical with those used by nineteenth-century critics to condemn it. In La Porte's *Les Epithetes* (a writer's vade-mecum which, first appearing in 1571, was frequently reprinted until the end of the century) the following are among the adjectives noted under the headings 'Jodelle', 'La Péruse' and 'tragédie': *copieus, scavant, docte, grave, sententieus, enflée, tonnante*. Encomiastic liminary poems and the like show how generally accepted was the opinion that tragedy required pompous magniloquence. A venerable rhetorical doctrine posited three categories of style: the great (called *grave* in French), the humble and the moderate. For each genre, one of these styles alone was apt, and in tragedies, as in epics and odes, convention required the great style. This was distinguished by its magniloquence, its striking figures, noble and learned imagery, and sonorous cadences. Complexity and erudition are its hallmarks: Renaissance authorities commend it by calling it 'artificial', meaning that the banal and everyday have been replaced and that the diction has been the object of thought, care and even scholarship. Contemporary appreciations suggest that one of the major attractions of tragedy was the opportunity it offered for vying with the ancients in stylistic elaboration, thus proving that the vernacular was not inferior to Greek and Latin.

As in most other respects, Montchrestien follows Renaissance convention in his choice of a suitable style for his tragedies. He shows no interest in reproducing the accents of everyday conversation: that would be proper only in comedies. The language of his tragedies, like that of the speeches in the *Iliad*, is 'artificial' and heroic. That this should be so, is in accord with convention and also satisfies Renaissance predilections for grandiloquence. It is moreover an appropriate presentation of the subjects treated. Reference has already been made to some of Montchrestien's stylistic debts to Homer. We need only turn to George P. Rice's *The Public Speaking of Queen Elizabeth* (Columbia U.P., 1951) to see that the speeches in *La Reine d'Escosse* also have their parallels in the playwright's sources. On formal occasions, Renaissance dignitaries took pride in expressing themselves eloquently, and Queen Elizabeth's orations show how deep was the influence of her training in rhetoric. Montchrestien's first audiences and readers could therefore find in his tragedies a reproduction, not perhaps of their own conversational habits, but of the way in which monarchs and epic heroes might be supposed to speak. Stylistic verisimilitude is hardly a Renaissance dramatist's major concern: but the subjects Montchrestien picks are perfectly compatible with his employment of the most elaborate of the three styles.

The lengthy tirades and the quick-fire single-line exchanges in *stichomythia* present problems to any producer of these plays. It is, however, mistaken to imagine that, for Montchrestien's contemporaries, the prime difficulty lay in the actual delivery of the speeches. Rhetorical training always included the study of declamation. The pupil was taught ways of memorizing his speech, of pronouncing it and reinforcing its impact on the listeners with fitting gesture. Indeed, it appears that in schools and colleges the performance of plays was encouraged precisely to provide opportunities for practice in the threefold art of declamation. The actor whose skill would be tested to the uttermost in productions of these plays is in fact, not the one who is speaking, but the one who is listening. By showing curiosity, alarm, sympathy or horror, responding to all that is said, yet without disturbing our concentration on the speech itself, the actor 'playing opposite' always has a crucial role in maintaining and increasing the audience's interest in the action.

Enjoyment of *La Reine d'Escosse* and *Hector* depends to a large extent upon an appreciation of Montchrestien's use of language. It is some indication of the importance Montchrestien ascribes to this aspect of his plays that his painstaking revision of *La Reine d'Escosse* is concerned virtually only with style. His imagery is unoriginal for the most part, but this is, of course, not a matter for criticism in Renaissance poetry. The images refer mainly to the sea and seafaring and to wild animals and hunting. In both plays there is a great deal of allusion to classical mythology, and in *La Reine d'Escosse* there are references to the Scriptures and to Catholic rites and the symbols of martyrdom. As was normal in tragic style, there are many *sentences*, one-line formulations of general moral truths, to which attention is drawn by inverted commas. These serve as a foil to the amplification which is found when a character describes a situation or examines a mood. This elaboration is itself given shape and kept under control by Montchrestien's employment of figures of repetition and balance.

'Lyric' is hardly a suitable adjective to apply to the sort of tragedies Montchrestien wrote, for the word has too many irrelevant connotations. The choruses have, it is true, many of the qualities expected in lyric poetry, and it is indeed possible that they were intended to be sung. Some critics call the plays 'elegiac', though this ill-describes the undeniable vigour of certain scenes. Provided we dismiss all ideas of irksome restraints and of empty bombast, 'regular rhetorical tragedy' is perhaps the best designation. Montchrestien's plays are regular in that they observe and exploit a corpus of dramaturgical conventions derived from antiquity. They are rhetorical in two senses. Composition is conceived as an art controlled by the intellect and governed as regards expression by precedent and rule. Moreover, these plays are rhetorical in the sense that our enjoyment of them derives in large measure from our appreciation of Montchrestien's mastery of the arts of language.

THE TEXT

The base-text for both *Hector* and *La Reine d'Escosse* is the British Museum copy (shelf-mark 240.a.17) of *Les Tragedies* of Antoine de Montchrestien published by Jean Osmont at Rouen in 1604. The copies of this edition in the Bibliothèque Nationale and the Bibliothèque de l'Arsenal in Paris have also been examined; they offer no significant variants. The 1604 edition is given here with the minimum of alteration, for the aim is, not to modernize the text, but to help only where the reader may be needlessly disturbed.[1] Modern conventions have been followed in distinguishing *i* and *j*, *u* and *v*; ampersand and contractions have been spelled out. Grave accents have been placed on *après* and used to differentiate between *à* and *a*, *où* and *ou*. The occasional capital letter after a comma or semicolon has been ignored. In all other cases where changes have been made in spelling or punctuation, the original version is given in a footnote. Roman is used for the italic of the 1604 edition, and the lines are numbered.

Both *Hector* and *La Reine d'Escosse* are included in Petit de Julleville's edition of Montchrestien's *Tragédies* (Paris, 1891). Attention should also be drawn to *La Reine d'Escosse: texte critique établi d'après les quatre éditions de 1601, 1604, 1606, et 1627* (Paris, 1905) prepared by a group of second-year students at the École Normale under the direction of G. Michaut. The present edition is based upon the 1604 texts and, for reasons stated above, does not give variants found in subsequent printings of the two plays.

---

[1] Sixteenth-century punctuation is less chaotic than is sometimes suggested, and it has been argued that the punctuation may be intended to serve as a guide to delivery. See W. J. Ong, 'Historical Background of Elizabethan and Jacobean Punctuation Theory', *P.M.L.A.*, lix (1944), pp. 349–60, and A. C. Partridge, *Orthography in Shakespeare and Elizabethan Drama* (Arnold, 1964).

SELECT BIBLIOGRAPHY

(A) MODERN EDITIONS OF WORKS BY MONTCHRESTIEN

Les Tragédies...d'après l'édition de 1604, ed. L. Petit de Julleville (Paris, 1891).

Sophonisbe, Paralleldruck der drei davon erschienenen Bearbeitungen, ed. L. Fries, Ausgaben und Abhandlungen aus dem Gebiete der romanischen Philologie, 85 (Marburg, 1889).

La Reine d'Escosse, tragédie, texte critique établi d'après les quatre éditions de 1601, 1604, 1606, et 1627, par les élèves de seconde année de l'École Normale, sous la direction de G. Michaut (Paris, 1905).

Aman, ed. G. O. Seiver (Philadelphia, 1939).

Les Lacènes, ed. G. E. Calkins (Philadelphia, 1943).

David, ed. Lancaster E. Dabney (Austin, Texas, 1963).

(B) CRITICAL AND REFERENCE WORKS

CHARPENTIER, FRANÇOISE, 'La Tragédie précornélienne à Rouen: Montchrestien et la notion de clémence', *Bibliothèque d'Humanisme et Renaissance*, xxix (1967), pp. 305–38.

FAGUET, ÉMILE, *La Tragédie en France au XVIe siècle* (Paris, 1883).

FORSYTH, ELLIOTT, *La Tragédie française de Jodelle à Corneille* (Paris: Nizet, 1962).

GRIFFITHS, RICHARD, *The Dramatic Technique of Antoine de Montchrestien* (Oxford: Clarendon Press, 1970).

JONDORF, GILLIAN, *Robert Garnier and the themes of political tragedy in the sixteenth century* (Cambridge University Press, 1969).

LANSON, GUSTAVE, 'Les Sources historiques de *La Reine d'Escosse*', *Revue universitaire*, xiv (1905), pp. 395–408.

LAWTON, H. W., *Handbook of French Renaissance Dramatic Theory* (Manchester University Press, 1949).

LEBÈGUE, RAYMOND, *La Tragédie française de la Renaissance* (Bruxelles, 1944).

LEROY, J. P., ' "L'Ampoule venteuse" ou de quelques images baroques dans le théâtre d'Antoine de Montchrestien', *Revue d'Histoire littéraire de la France*, lxiv (1964), pp. 645–51.

SAKHAROFF, MICHELINE, *Le Héros, sa liberté et son efficacité de Garnier à Rotrou* (Paris: Nizet, 1967).

SONNINO, LEE A., *A Handbook to sixteenth-century Rhetoric* (London: Routledge & Kegan Paul, 1968).

TITMUS, C. J., 'The influence of Montchrestien's *Écossoise* upon French classical tragedies with subjects from English history', *French Studies*, x (1956), pp. 224–30.

VICKERS, BRIAN, *Classical Rhetoric in English Poetry* (London: Macmillan, 1970).

WILLNER, KURT, *Montchrestiens Tragödien und die stoische Lebensweisheit*, Romanische Studien, 32 (Berlin, 1932).

YARROW, P. J., 'Montchrestien: a sixteenth- or seventeeth-century dramatist?', *Australian Journal of French Studies*, iv (1967), pp. 140–8.

YATES, FRANCES A., 'Some new light on *L'Escossaise* of Antoine de Montchrestien', *Modern Language Review*, xxii (1927), pp. 285–97.

ZANTA, LÉONTINE, *La Renaissance du stoïcisme au XVIe siècle* (Paris, 1914).

EPISTRE[1]

A tres-haut, tres-puissant, et tres-excellent
Henry de Bourbon Prince de Condé,
premier Prince du sang, premier Pair de France,
Gouverneur et Lieutenant de sa Majesté en Guienne.

Monseigneur, ces tragédies que je vous ay desja dediées recherchent encor vostre apuy pour en tirer une nouvelle recommandation. S'il m'estoit possible de les dégager totalement du public, ce me seroit un grand contentement et par mon propre consentement elles seroient desormais plustost suprimées que reimprimées: car la grandeur de vostre nom demande quelque chose plus serieuse et mon humeur de maintenant est plus portée à un autre sujet d'escrire. Mais il ne reste plus en ma main que de tascher à les rendre dignes d'avoir vos qualitez sur le front. J'avoüe fort librement que la honte m'est montee à la face autant de fois qu'elles sont revenües à mes yeux, depuis que je les envoyai vous porter un tesmoignage de mon peu d'industrie, où mon dessein estoit simplement de vous donner un gage de ma servitude. J'ay avisé ceste erreur après l'avoir commise, m'en suis jugé coupable, et pour la reparer ay assubjetti mon esprit et ma main à une plus exacte pollissure, afin de cacher à mon pouvoir les taches espandües par tout leur corps. On ne me peut donc imputer à blasme si pour excuser ma premiere hardiesse, j'entrepren par une toute nouvelle de les vous representer plus avantageusement accommodées et de meilleure estoffe. Je les ay remaniées piece à piece et leur ay donné comme une nouvelle forme, à l'imitation du Peintre lequel voulant tirer au vif la figure d'un Prince en ébauche grossierement les premiers traits qui le font desja reconnoistre, mais après avoir adjousté les couleurs et conduit son ouvrage jusques à perfection, ce semble estre une autre chose, et neantmoins c'est la mesme chose. Le coeur me dit qu'elles vous seront agreables en contemplation d'Hector que je fay marcher à leur teste. Ce Prince belliqueux, puissant de force et non

5

10

15

20

25

moins d'exemple, fut en ses jours le vif image et vray patron de
30 la valeur Royale, et aux âges futurs sera le seul et unique but
où s'efforceront d'attaindre ceux que la Noblesse du sang et le
soin de la nourriture separeront du vulgaire. Aussi remarquerez
vous en luy cest air relevé de courage et de gloire, non susceptible
d'alteration, ains ferme et demeurant immuable en un calme et
35 serain perpetuel de constance. Que si vers la fin de la vie sur les
approches de la mort, les nerfs de la force deviennent plus tendus
en ces rares hommes que par un effort extraordinaire la Nature
fait naistre pour l'ornement de leurs siecles, telles extensions
violentes en apparence, mais bien reglées en effet, se font neant-
40 moins sans convulsion aucune de frayeur. Ainsi la clarté du Soleil
semble comme tascher quelque fois à se surmonter elle mesme.
Ainsi les torches jettant leurs dernieres flammes, les élancent
plus haut et plus vivement. En la vertu ceste proprieté se trouve
comme essentielle, et la preuve en est toute palpable par le
45 moyen des autres qui suivent ce brave chef. Ne vous ennuyés
point de leur prester les yeux et les oreilles, de les oüir et de les voir
gracieusement, tandis qu'ils rendent le dernier acte de leur vie,
arbitre et juge des precedents, memorable par la fermeté d'un
courage invincible.[2] C'est d'une emulation des actions genereuses
50 que sont éveillées, nourries et fortifiées en nos ames ces estincelles
de bonté, de prudence et de valeur, qui comme un feu divin sont
meslées en leur essence. De là se tire le fruit des exemples, que ces
miracles de l'une et de l'autre fortune fournissent abondamment.
Leur vie et leur mort est comme une escole ouverte à tous venants,
55 où l'on apprend à mespriser les choses grandes de ce monde,
seule et divine grandeur de l'esprit humain, et à tenir droite la
raison parmi les flots et tempestes de la vie, seul et plus digne
effet qui depende de nostre disposition. J'ay creu fermement que
vous n'imaginerés rien de bas et contemptible en ces hommes:
60 tous ont eu l'extraction ou la qualité Royale, et se sont presentés
en leurs temps avec beaucoup d'aplaudissement sur le Theatre
de la vie civile, où desormais l'âge vous appelle, où le devoir
vous porte, où vostre honneur et celuy de vos ayeuls vous engage
à bon escient. Puissiés vous Prince bien heureux marcher tous-
65 jours ferme en ce pas glissant, et rencontrer au bout des succés

55 lon

aussi avantageux à vostre memoire qu'il en est deu à vostre
merite, afin qu'en vous la vertu ne manque jamais à la fortune,
ni la fortune à la vertu. Là se terminent tous les vœus que je fay
pour vostre grandeur, lesquels seront suivis des offres du tres-
humble service que vous dedie avec son ouvrage   70

Ant. de Montcretien.

HECTOR

ACTE I

Cassandre.[1] Quel tourbillon fatal t'emporte en haute mer
Où maint Gouffre boüillant s'ouvre pour t'abismer?
O Nef, demeure à l'ancre, asseure le cordage,
Qui maintenant te lie à ce calme rivage.   4
Tant de facheux destroits passez à grand hazard,
Tant de rochers doublez par la force et par l'art
De tes sages Patrons, qui de mains et de teste
A peine ont combatu la premiere tempeste,   8
Doivent t'avoir apprins que ton cours dangereux
Est conduit par ces flots d'auspices malheureux.
N'ayant nul Phare en terre, au Pole nulle estoille
Ozes-tu bien encor te remettre à la voile?   12
Prevoiras tu jamais ce qui doit arriver
De t'embarquer au cœur d'un si cruel Hiver?[2]
Jà se sont escoulez tes jours Alcionides[3]
Et le sçeptre d'Aeole[4] a relasché les brides   16
A ces Esprits mutins dont les gros soufflements
Font trembler et gemir les plus bas Elemens,
Et mesmes ont les Cieux complices de leur rage:
Où cours tu desormais si ce n'est au naufrage?   20

Je parle bien en vain: Troyens vous estes sourds
Plus que les vents legers où j'espan ces discours.
Non, j'ay beau vous predire un veritable esclandre,
Vous ne croirez jamais la prophete Cassandre.[5]   24
  O guerriers insensez quelle ardente fureur
Aveugle à son mal propre engendre ceste erreur?
A quoy tous vos combats? ô trop vaine arrogance
Si vous pensez dompter la supresme puissance!   28
Si par un bras mortel, par des conseils humains
Vous pensez renverser les Decrets souverains,
Puis que le Dieu des Dieux et des hommes le Pere,[6]
A qui le Ciel, la terre et la mer obtempere   32
Se range aux dures loix de la Fatalité,
Qu'il grava dans l'aimant de son Eternité.
  Je sens de plus en plus que le Démon m'affole,
Retenez ceste voix qui de ma bouche vole,   36
Logez la dans vos cœurs, il y a moins d'abus,
Qu'és Oracles sortis du trepié de Phœbus.[7]
  Tu cours plein de fureur renouveler la noise:
Mais ton Fort est vaincu par la fraude Gregeoise,   40
Ton serain est troublé d'un tenebreux broüillart,
Et ton meilleur destin tourne de l'autre part.
  Le Lyon renversé sur la campagne humide
De larmes et de sang, par la troupe timide   44
Des Lievres assemblez sans frayeur assailly
Monstre qu'avec ses jours tout espoir est failly.
  Fuyon, je voy le feu: les orgueilleux Pergames
Trébuchent engloutis és rougissantes flames,   48
Et la fumee obscure à gros plis se rouant
Sur les Temples dorés triomphe en se joüant.
Mais où s'adressera nostre course legere
Pour nous mettre à couvert de la force estrangere,   52
Si nostre pied tremblant deçà delà porté
Trouve par tout la mort ou la captivité?
Si pour les Innocens s'ouvre aussi bien l'abime,
Comme pour les fauteurs de ceste infame crime[8]   56
Qui consomme Priam et toute sa maison
Dans les feux allumez par son fatal Tison?[9]

21 vain   25 qu'elle   32 Ciel

Qu'il fust mort en naissant selon les vœux du Pere!
Mais ô Destins de fer vous portiez le contraire.   60
Chœur. Bouche trop veritable à prédire malheur
Tu ne t'ouvres jamais que pour nostre douleur:
C'est un bien toutesfois à la mortelle race
D'estre advertie à temps quand le Ciel la menace,   64
Afin qu'elle pourvoye à ce qu'elle a preveu.
"Le coup trouble beaucoup qui touche à l'impourveu,
"Mais cil que l'on attend porte si peu d'attainte,
"Que son mal à l'espreuve est moindre que la crainte.   68
Cassandre. Ce n'est point à credit que je vous fay la peur.
Si tousjours mon Oracle estoit aussi trompeur,
Qu'il court par les Troyens dénué de creance
Encor en ces malheurs j'aurois quelque esperance: 72
Mais quoy? puis-je aveugler mon propre entendement,
Qui void dans le futur un triste embrasement?
Chœur. N'avance tel presage ô divine Cassandre.
Cassandre. Que sert dissimuler? Troye un jour sera cendre,   76
Et tous ses hauts Palais trebuschés à l'envers
Seront monceaux pierreux d'un peu d'herbe couverts.
Vous ne m'en croyez pas; c'est bien vostre coustume,
Et tel est le vouloir de ce Dieu qui m'allume;   80
Mais vous gagnez en fin, ce qui me deult beaucoup,
Que de vous on dira, Sages après le coup.
Chœur. Tant de bons Citoyens esperent le contraire.
Cassandre. Le plus clair jugement s'aveugle à sa misere.   84
Chœur. On dit que les Gregeois n'avancent rien ici...
Cassandre. Parlant humainement j'en parlerois ainsi.
Chœur. Et sont sur le dessein d'embarquer leur armée...
Cassandre. Ignorez vous encor leur fourbe accoustumée?   88
Chœur. Que si nous soustenon c'est leur dernier effort...
Cassandre. "Souvent le dernier coup est le coup de la mort.
Chœur. Et qu'aux vents nous rendron leur voile et leur fortune.
Cassandre. "On forge ainsi des bruits pour piper la commune. 92
Cet espoir à nos cœurs dés longtemps est donné,
Et cependant leur siege est tousjours obstiné.
Chœur. Qu'en faut-il redouter? La main d'Hector nous garde.
Cassandre. "En fin meurt au combat qui par trop se hazarde.   96

74 embrasement.   85 ici.   87 armée.   89 effort.

Chœur. Nul des chefs Argiens ne l'égale en valeur.
Cassandre. Je ne crain rien pour luy que son propre malheur.
Chœur. Il est cheri des Dieux et respecté des hommes.
Cassandre. Mais sujet à la Parque ainsi comme nous sommes.[10] 100
Chœur. Dieu qui nous l'a donné le nous peut conserver.
Cassandre. Dieu qui nous l'a donné pourra nous en priver.
Chœur. "En faveur du public il garde les bons Princes.
Cassandre. "Il les ravit luy-mesme en haine des Provinces. 104
Chœur. Nos destins dans le ciel justement balancez,
    Contre ceux des Gregeois se deffendront assez.
Cassandre. "Le Monarque du ciel qui soustient la balance,
    "Comme il luy vient à gré haut et bas les eslance. 108
Chœur. "Des peuples opprimez il se fait le sauveur,
    "Et par de bons succez leur monstre sa faveur.
Cassandre. "Les plus favorisez à la fin il desprise,
    "Quand ils prestent la main à l'injuste entreprise. 112
Chœur. "S'armer pour la Patrie et pour les saincts autels,
    "Est un acte approuvé des Dieux et des mortels.
Cassandre. "O trop grossiere erreur si l'on ne croit mal faire,
    "Par en donner subjet à son propre adversaire. 116
Chœur. Encore il souvient bien aux Troyens outragez
    Que du Tyran Hercule ils furent saccagez.[11]
Cassandre. Ilion fut razé, grande et honteuse perte:
    Mais ce fut un malheur, la guerre estoit ouverte. 120
Chœur. Et pourquoy ceste guerre? Il estoit grand besoin,
    Qu'un voleur vagabond[12] l'apportast de si loin.
Cassandre. La faute est toute à nous, à nous aussi le blasme.
Chœur. Ores elle est aux Grecs armez pour une Dame. 124
Cassandre. Accusez en plustost vostre concitoyen.
Chœur. Que souffre le Gregeois qu'il n'ait fait au Troyen?
    Ce qui nous sera faute est pour luy privilege?
Cassandre. Il ne commist jamais ni rapt ni sacrilege. 128
Chœur. Que l'une soit pour l'autre, ainsi le veut raison.
Cassandre. L'une fut prise en guerre, et l'autre en trahison.
Chœur. L'une vint de son gré, l'autre alla par contrainte.
Cassandre. Par l'une on viola l'hospitalité saincte. 132
Chœur. Et par l'autre on força tout droit d'honnesteté.
Cassandre. La victoire est ainsi pleine de liberté.

    103 Princes   106 assez

Chœur. Des butins de la guerre on excepte les femmes.
Cassandre. Les femmes du vulgaire et non pas les grand's
    Dames. 136
Chœur. Qui le pratique ainsi fors que les seuls Gregeois?
Cassandre. "Un peuple ne faut point qui vit selon les loix.
Chœur. "Nous faillons encor moins: car contre un adversaire
    "Toute deffence est juste alors que necessaire. 140
Cassandre. "Des contraires partis il est tousjours meilleur,
    "Qui sur une revanche employe sa valeur.
Chœur. Le pretexte est commun, mais si pour ceste Heleine
    Nous sommes reservez à souffrir plus de peine, 144
    Grands Dieux pour amortir l'ardeur de nos combats
    Esteignez sa lumiere en la nuict du trespas.
    Mais voici pas Hector? C'est sans doute luy-mesme,
    Qu'Andromache poursuit eschevelée et blesme. 148
Andromache. En fin mon cher espoux ferez vous rien pour moy?
    Sera donques la mort le payement de ma foy?
Hector. L'honneur sauf, Andromache, à toy je m'abandonne,
    Car à l'égal de toy je n'estime personne: 152
    Mais pour un songe vain obmettre son devoir,
    C'est une loy, mon cœur, trop dure à recevoir.
Andromache. Ha mon fidele Hector, mon tout, ma chere vie,
    Allez de par moy libre où l'honneur vous convie; 156
    Mais n'estant point forcé de sortir aujourd'huy,
    Desgagez mon esprit de ce mortel ennuy.
    Ce songe n'est point vain, et vous le devez croire
    Si mes autres passez vous touchent la memoire, 160
    Las! trop à nostre dam recognus pour certains;
    "Aussi la voix de Dieu n'est point autre aux humains.
Hector. "Si nous prenons sujet de bien ou de mal faire
    "De ces impressions qui troublent le vulgaire, 164
    "Tous les plus beaux desseins d'un courage parfait
    "Mourront dés leur naissance ou vivront sans effet.
    "Non, l'homme avantureux qui choisira pour guide
    "Le devoir qui nous sert d'esperon ou de bride 168
    "Suivra tousjours sa pointe, et tousjours resolu
    "Voudra ce qu'une fois il aura bien voulu,

139 adversaire. 147 luy-mesme: 148 blesme, 150 foy
151 sauf 162 humains

"Sans que des accidens la suitte entrelassee
"Puisse faire changer sa diverse pensee.   172
Andromache. "Puis que nostre discours est sujet à l'erreur,
      "C'est une impieté conjointe à la fureur
      "Qui les Dieux contre nous meut à colere extréme,
      "Si nous les mesprisons pour trop croire à nous mesme,   176
      "Nous aveugles mortels dont l'esprit est si court,
      "Que sur les cas humains vainement il discourt.
Hector. "Cela qui nous advient par causes naturelles
      "Ne doit nous tenir lieu de regles eternelles;   180
      "Et c'est vrayement fureur non simple impieté
      "D'imputer aux bons Dieux nostre legereté,
      "Qui tient l'ame de crainte et de douleur saisie,
      "Pour un monstre forgé dedans la fantasie.   184
Andromache. Un jour quoy qu'il en soit sera bien tost passé.
Hector. "L'occasion fait tout, et son poinct delaissé,
      "On ne la voit plus rire à sa mode premiere.
      "Il la faut prendre au front: elle est chauve derriere.[13] 188
Andromache. Presque deux fois cinq ans sur nos chefs ont tourné
      Depuis que ce grand Ost d'un effort obstiné
      Combat nostre fortune, et toute la puissance
      De la superbe Asie armée à sa deffence[14]   192
      Ne l'a peu seulement esloigner de ces tours.
Hector. Le delay me fait peine en oyant ce discours.
      Je veux avant la nuict vainqueur de ceste armee
      Reduire son espoir et sa flotte en fumee.   196
Andromache. O Ciel! ô Deitez de l'Eternel sejour![15]
      Ce que n'ont peu dix ans comme le peut un jour?
Hector. Ce que n'ont peu dix ans un moment le peut faire.
Andromache. Et quoy s'il court se rendre en la main adversaire? 200
      "Car le Ciel en dispose: et puis le sort douteux
      "Egalement cheri n'en peut espouser deux:
      "Mais jusques à la fin on n'a point cognoissance
      "Devers qui tournera la faveur de sa chance.   204
Hector. J'accorde à ce discours sans y former debat.
      Aussi me faut-il vaincre ou mourir au combat,
      Satisfait à mon gré si ma chere patrie
      Reçoit pour son salut l'offrande de ma vie.   208

172 pensee   184 fantaisie   187 premiere   188 front   193 là   198 jour,

Andromache. Mais comme vostre vie appuye sa grandeur,
  Gardez que vostre mort n'esteigne sa splendeur.
Hector. D'elle j'ay plus reçeu que je ne luy peux rendre.
Andromache. L'heur de tous ses destins de vous semble
    despendre.   212
Hector. Comme si par moy seul subsistoient les Troyens.
Andromache. Que feroient-ils sans vous? Sans vous par quels moyens
  Deffendroient-ils ces murs de la Greque furie?
  Que peut sans le Berger la foible Bergerie?   216
  Le vaisseau sans Pilote et le char sans Cocher?
Hector. Maint autre Chef pourra leur ruine empescher:
  Car graces à nos Dieux ceste indontable ville
  Porte de grands Guerriers une moisson fertile.[16]   220
Andromache. Vous paroissez sur tous comme leur parangon.
Hector. "L'amour te le fait croire: il n'est jamais si bon
  "Qui n'ait ou son pareil ou son meilleur encore.
Andromache. J'en croy vos beaux exploits que tout le monde
    honore,   224
  Vos freres, vostre pere et ces autres guerriers
  Que le merite esleve à nos grades premiers.
Hector. Aenée est-il pas là? Troïle, Polidame?
  Deiphobe et Memnon forts du corps et de l'ame?   228
  Sans mille et mille[17] encor alliez ou parens,
  Qui pour le prix d'honneur entreroient sur les rangs.
Andromache. Oubliez vous aussi que dans l'Ost adversaire
  Sont grand nombre de chefs, tant appris à bien faire   232
  Qu'ils passent de l'effet la grandeur de leur nom:[18]
  Diomede le preux, l'Ajax de Thelamon,
  Le cauteleux forgeur de fraude et de finesse,
  Le vieil Nestor de Pile admirable en sagesse,   236
  Le juste Idomenée et le fort Merion,
  Le courageux autheur des combats d'Ilion,
  Le Roy de tant de Roys qui gouverne les armes
  Et préside au Conseil des Argives gensd'armes,   240
  Bref celuy qu'il falloit produire le premier,
  Ce grand fils de Pelée aussi vaillant que fier.
    Car depuis que Patrocle est cheut sous votre espée,
  A nul autre dessein il n'a l'ame occupée,   244
  Qu'à revenger sa mort dont le dur souvenir

Fait son ombre en tous lieux devant luy revenir,
Qui d'accens douloureux ses armes sollicite,
Tant par le cher respect de son propre merite,   248
Que par l'amour sacré qui de nœuds aimantins
Sembloit avoir estraint leurs mutuels destins.
Hector. Tu m'y fais repenser: çà mes armes, mes armes.
Non, je le vois remettre au milieu des gensd'armes,   252
Où sans gloire et sans marque il se tiendra caché,
Vergoigneux que son nom soit à jamais taché,
Pour n'avoir comparu sur la place donnée,
Où mon deffi sanglant assignoit la journée,   256
Qui devant les deux camps devoit rendre au meilleur
La palme disputable entre nostre valeur.
J'enten bien mon cheval hannir après la guerre,
C'est bon signe, ô ma lance il faut que je l'atterre.   260
Andromache. Retenez mon Hector ces mouvemens boüillans.
"Bien souvent les guerriers ne sont que trop vaillans.
"Disiez vous pas un jour que si l'homme n'est sage,
"Il se perd sans profit par son propre courage?   264
"Que chercher l'ennemy pour trouver son malheur
"C'est fort mal à propos user de la valeur?
"Soyez sage par vous et pour vous tout ensemble:
"Qui l'est pour l'autruy seul au fol presque ressemble.   268
Hector. Le conseil en est pris: lacez moy le harnois.
Ce Grec presomptueux sentira ceste fois,
S'il attend ma rencontre et le choc de ma lance,
Que j'ay plus de vertu qu'il n'a d'outrecuidance.   272
Andromache. Hector voici ton fils.[19] Helas où t'en vas-tu
Devant que l'avoir mis au sentier de vertu?
Rejette tous mes vœux, va t'en à la mal'heure,
Afin que par ta mort orphelin il demeure,   276
Et qu'en ta sepulture on me vienne enterrer:
Pourroy-je me voir veufve et vive[20] demeurer?
Non non, j'ay tant uni mon esprit à ton ame,
Qu'un mesme coup fatal en trenchera la trame.   280
Hector. Vien çà cher enfançon, doux fardeau de mes bras,
Tends à mon col armé tes membres delicats.
Quoy tu as peur mon fils? Tu tournes le visage?

251 repenser   258 valeur,

Il craint ce fier armet qui la teste m'ombrage. 284
Voyez comme il estraint de sa petite main
Le bras de sa Nourrice, en luy pressant le sein:
Page tien ma salade, il faut que je le baise;
Ores qu'il me cognoist comme il tremousse d'aise. 288
   Ottroyez moi grands Dieux que ce Royal enfant
Devienne juste en paix, en guerre triomphant:
Qu'il aspire tousjours à la gloire eternelle,
Qu'il pardonne au subjet et dompte le rebelle.[21] 292
Du noble sang Troyen faites le gouverneur,
Et qu'il soit à son peuple un Astre de bonheur.
Donnez à sa vertu fortune si prospere,
Qu'on die en le vantant le fils passe le pere. 296
Lors s'il advient qu'un jour son bras victorieux
La despoüille ennemie appende aux sacrez lieux:
Pour consoler sa mere et la remplir de joye
Dieux que j'ay reverez faites qu'elle le voye. 300
Nourrice pren ta charge: et toy mon cher souci
Vien ma douce Andromache et ne t'afflige ainsi.
   Soit que je sois à Troye ou bien à la campagne,
De mon fils et de toy le penser m'accompagne, 304
S'efforce m'esloigner de l'orage des coups,
Et m'attendrit aux doux noms de pere et d'espoux.
Mais je crain la vergongne à jamais reprochable,
Je crain les traits piquans d'un people variable, 308
Leger, presomptueux, sans respect et sans loy,
Qui desployant sa langue à blasonner de moy,
Tourneroit ma prudence en lasche coüardise.
Bien tost se perd la gloire à grand labeur acquise. 312
Puis mon cœur qui tousjours s'est fait voir indompté
Ne veut decheoir du rang où mon bras l'a porté,
Par sueurs et travaux, luy dressant un trophée,
Dont nul temps ne verra la memoire estouffée. 316
   Je sçay pour ma douleur qu'en fin le jour viendra
Que le Grec conjuré nostre ville prendra:
Que le bon vieil Priam, mes cousins et mes freres
Sentiront la fureur des Argives coleres, 320
Et me sens tout esmeu de leur affliction:

287 baise,

Mais, j'en jure le Ciel, j'ay plus de passion
Pour toy que pour tous eux ô ma chere Andromache:[22]
Il me semble jà voir quelque jeune bravache   324
Pour sa part du butin plein d'orgueil t'emmener
Au logis de son Pere, et là te condamner
A tramer de la toile, à filer de la laine,
A puiser l'onde vive au clair de sa fontaine,   328
A baloyer la place, à souffrir des mespris,
Exercices mesquins pour femme de tel prix:
Et possible un passant touché jusques à l'ame,
Dira, du preux Hector, celle-ci fut la femme.   332
Lors quel despit naistra dans ton cœur soucieux
Oyant ramentevoir mon nom si glorieux,
Et te voyant de biens et d'honneurs toute nuë
En ce triste servage à jamais retenuë?   336
Si les destins sont tels, certes j'aime bien mieux
Que pour ne te point voir la mort couvre mes yeux
D'un eternel bandeau, que la tombe me prive
D'entendre les soupirs de ton ame captive.   340
Andromache. Et bien mon cher Hector donne moy donc la main.
A nous deux seulement ton cœur est inhumain:
Las ta valeur nous perd! Le fruit de ton courage
C'est une dure mort en la fleur de ton âge.   344
Di moy que veux-tu faire? Un marbre sans pitié
S'amoliroit-il point de ma tendre amitié?
Pense au moins je te prie à la mort douloureuse,
Dont toy-mesme occiras ta femme malheureuse   348
Si le fer ennemi la fait veufve de toy,
Et ton ardeur possible escoutera ma foy.
    Las c'est contre ton chef que les armes conspirent;
C'est ton sang genereux que leurs pointes desirent,   352
Les plus vulgaires dards s'en monstrent alterez,
Et tu vas courre aveugle aux dangers conjurez.
Non, avant que le ciel de ton col me separe
M'engloutisse la terre, à tout je me prepare: 356
Aussi bien à regret verrois-je le Soleil,
S'il me voyoit sans voir la clarté de ton œil.
    Si je demeure seule, ö miserable femme

323 Andromache,   329 place   337 tels   354 conjurez,

Qui pourra consoler l'angoisse de mon ame?   360
Iray-je à mes parens?[23] Helas ils sont tous morts:
Le barbare Pelide après plusieurs efforts,
Raza ma belle Thebe abondante en familles
Dont le chef s'eslevoit sur les plus hautes villes   364
Comme un Pin sur la Ronce; il se baigna les mains
Au cher sang de mon pere et de mes sept germains.
Le cruel non content emprisonna ma mere,
Accreut ses durs ennuis d'un traitement austere   368
Indigne de son sexe et de sa qualité:
Là le cours de ses maux ne fut point arresté.
"Seule ne va jamais la contraire fortune:
Car Diane contre elle excitée à rancune,   372
Après tant de tourmens la retira de nous,
Et tout pour satisfaire à son aspre courroux.
     Voila comme à present sans parens je demeure,
Sans pere, mere, frere, assaillie à toute heure   376
Du regret de leur mort; ô toy mon cher espoux,
Pour le temps à venir tien moy le lieu de tous.
Demeure ma douce ame; arreste ma lumiere,
Et croy plus mon amour que ta fureur guerriere.   380
Je demande bien peu; tu n'aurois pas le cœur
De rendre mon desir vaincu par ta rigueur.
Hector. Espere mon triomphe ô ma compagne aimable,
Et despoüille ce dueil qui t'est peu convenable.   384
Si je meurs au combat, supporte mon trespas;
Il nous faut tous finir, tu ne l'ignores pas:
Je ne suis engendré de semence immortelle;
Et si les fils des Dieux ont chargé la nasselle   388
Dont le crasseux Nocher trajecte l'Acheron,[24]
Se faut-il esbahir si nous autres mouron?
"C'est une mesme loy qui fait mourir et naistre;
"Puis qu'en vain l'on fuiroit à destre ou à senestre,   392
"Il vaut mieux s'avancer en marchant tousjours droit,
"Et vouloir ce qu'il faut quand on ne le voudroit;
"Aussi bien le destin regne invincible et ferme,
"Et comme il n'accourcit n'allonge nostre terme.   396
     Embrasse moy, le ciel aura soin du surplus.

370 arresté   374 courroux,   377 mort,   380 guerriere   391 naistre

Je te le dis encor, ces pleurs sont superflus.
Pour tromper ton ennuy retourne à ton mesnage;
Là bande tes esprits à faire de l'ouvrage: 400
Pour nous autres que Troye appelle à d'autre soin,
Nous employrons l'espée et la vie au besoin.
"Adieu ma douce amour, une chaleur m'allume
"Le courage boüillant plus fort que de coustume,   404
"Chaleur vive de Mars. Les exploits valeureux
"Se font par des transports hautains et vigoureux,
"Qui s'excitent en l'ame alors qu'elle est esmeuë
"Des chauds desirs d'honneur qui l'esleve et remuë,   408
"Comme la flamme esparse aux costez d'un vaisseau
"Fait rejallir en haut les gros boüillons de l'eau.
"L'homme qui ne sent point ces boutades hardies
"Aura tousjours les mains à fraper engourdies,   412
"Semblable à ceste Nef qui vogue en morte mer
"Où de peu sert la force et moins l'art de ramer.
"Mais si la valeur brusque agite son courage,
"A travers mille morts il s'ouvre le passage,   416
"Et signale ses bras de tant et tant d'efforts
Qu'il entre au premier rang des Heros les plus forts.
Chœur. "Que l'expert marinier raisonne de l'orage,
"Le laboureur du fonds commode au labourage,   420
"Le pasteur de troupeaux et le veneur de chiens,
"Le marchant de trafics et l'usurier de biens:
"Mais les braves discours qui traitent la vaillance
"Conviennent aux esprits dont la sage asseurance   424
"Peut accoupler le dire avecques son effet:
"Car c'est par l'action que vertu se parfait.
Chœur.   "A tous d'un mesme don,
                     "Nature n'est pas liberale: 428
                     "Elle n'a jugé bon
                     "De rendre sa faveur esgale
                     "Aux hommes differens
                     "De mœurs comme de rangs.   432

                     "L'un a le cœur tremblant
                     "Lors que le danger se presente,

401 soin.

"Aux femmes ressemblant
"Que tout sujet de peur tourmente;   436
 "L'autre pour nul effroy
 "Ne sort jamais de soy.

"Que l'ire de la mer
"Esmeuë au fort de la tempeste,   440
 "Menace d'abismer
"Au profond des vagues sa teste,
 "Son front n'en prendra pas
 "La couleur du trespas.   444

"Il verra tresbucher
"Sur son chef la voûte du monde,
 "Premier que de lascher
"Le pied sur lequel il se fonde   448
 "Ferme comme un rocher
 "Qu'on ne peut eslocher.

"Les piques et les dards
"N'esbranleront point son audace;   452
 "Aux orages de Mars
"Il portera haute la face,
 "Et son propre vainqueur
 "Ne domtera son cœur.   456

 "Son genoüil asseuré
"Ne tremblera point sur la breche,
 "Deust-il estre atterré
"Du foudre allumé d'une meche,[25]   460
 "Et plustost que son rang
 "Il perdra tout le sang.

"Au bien il logera
"Sa plus chere et plus douce envie,   464
 "D'ame il ne changera
"Quoy qu'il change d'estat de vie;
 "En travail, à requoy
 "Tousjours égal à soy.   468

"Heureux ou malheureux,
"Son âge ira franc de misere,

436 tourmente   459 D'eust-il

    "Et son cœur vigoureux
"Ne sera jamais en altere: 472
    "Car le mal et le bien
    "Luy seront moins que rien.

    "Stable à tout changement
"Qui regne au dessous de la Lune,   476
    "Son sage entendement
"Moquera l'adverse fortune,
    "Et ses traits rebouchez
    "Contre luy decochez.   480

    "Qui le voudra mesler
"Parmi les tourbes populaires,
    "Ou bien loin l'exiler
"Au fonds des deserts solitaires,   484
    "En tous lieux le Soleil
    "Luy semblera pareil.

    "Soit qu'il se face voir
"Simple soldat ou Capitaine,   488
    "Mesurant son devoir
"A la vertu, regle certaine,
    "Toutes ses actions
    "Seront perfections.   492

    "Celuy-là que les cieux
"Ont doüé de telle nature
    "Est le mignon des Dieux;
"Il ne peut recevoir injure,   496
    "D'autant qu'il est plus fort
    "Que l'homme et que le sort.

ACTE II

Andromache, Nourrice, Priam, Hector

Andromache. Quoy que tente mon ame afin de se distraire
  De penser à son mal, elle ne le peut faire: 500
  Ses efforts restent vains, et parmi ce malheur
  Tout s'affoiblit en moy fors la seule douleur.

490 vertu

Nul objet ne me plaist quelque part que je tourne:
Mon discours prend l'essor alors que je sejourne,   504
Et sans fin ravassant ne fait que ramasser
Des présages fascheux que je ne puis laisser.
Au moins que ne vois-tu combien ton Andromache
De soucis inhumains dans sa poitrine cache,   508
Hector, tu flechirois cet esprit obstiné!
Nourrice. Mais laissez-le sortir s'il l'a determiné.
Andromache. S'il sort c'est fait de luy, il y mourra Nourrice.
Nourrice. Quelle vaine frayeur en vostre ame se glisse?   512
Après mille combats est-il donques nouveau
"De voir Hector aux coups? Qui s'embarque sur l'eau
"N'est pas tousjours noyé; qui se jette aux alarmes
"Sagement hazardeux, est respecté des armes: 516
"Ou si quelque poltron en eschape aujourd'huy
"Demain sans y penser l'escart tombe sus luy.
C'est luy faire un grand tort de douter son courage.
Andromache. Hà seul executeur de mon triste présage!   520
Nourrice. Qui vit onques en vous ces craintives humeurs?
Andromache. Que mon malheur est proche hà! Nourrice je meurs.
Nourrice. Madame, qui vous tient? Dites le moy de grace,
D'où naist ce dueil obscur qui ternit vostre face?   524
Andromache. Las! c'est un songe estrange et tout rempli d'effroy.
Nourrice. Un songe n'est que vent, n'y mettez nulle foy.
Andromache. Maintenant qu'à mes yeux recourt sa triste image,
Je sens un froid glaçon me geler le courage;   528
Une lente sueur me sourd par tout le corps,
Et mes nerfs tous laschés languissent demy morts.
Aide moy vistement; ma Nourrice, je tombe.
Nourrice. "Jamais un corps robuste à la peur ne succombe.   532
L'ennui qui vous emporte ainsi comme un torrent
A la cause cachée et l'effet apparent;
Mais faites moy sçavoir quelle est ceste destresse
Qui le cœur desolé dans ses griffes vous presse;   536
Dites le hardiment, Madame, obligez moy;
Un songe quel qu'il soit ne porte tant d'esmoy.
Andromache. Aussi n'est-il pas seul, d'autres mauvais augures
Annoncent haut et clair nos tristes aventures.[26]   540

512 Qu'elle   525 effroy   526 vent /foy

Nourrice. "C'est bien un lourd erreur d'ajouster de la foy
   "A qui predit pour nous ce qu'il ne void pour soy.
Andromache. C'est une grand' fureur de fermer les oreilles
   Quand le Ciel parle à nous avecques des merveilles.   544
Nourrice. Dites moy vos ennuis pour vous en consoler,
   "La tristesse s'allege en luy donnant de l'air.
Andromache. Le Soleil n'a plustost allumé la journée,
   Que je quitte ma couche et devers luy tournée   548
   Luy raconte mon songe et le prie humblement
   D'escarter loin de nous tout triste evenement.
Nourrice. "C'est fait comme il le faut. Quand le Ciel nous menace
   "Recourons de bonne heure à sa divine grace,   552
   Pour impetrer par vœux un secours asseuré
   Conte le mal prochain qui nous est preparé.
Andromache. Phœbus s'obscurcit lors pour éclarcir ma peine,
   Et luisant incertain à ma douleur certaine   556
   Se monstre tantost rouge et tantost pallissant,
   Le mesme que mon songe à regret annonçant:
   Laissons là toutesfois l'effroyable présage
   Qui forme tant de crainte en mon triste courage,   560
   Et courons à Priam pour essayer encor'
   Si son authorité peut retenir Hector.
   "Les vœux servent beaucoup; mais la bonté supréme
   "Ne subvient qu'à celuy qui travaille soy-mesme.[27]   564
Nourrice. J'approuve vostre advis: si Priam une fois
   D'authorité commande, eust-il jà le harnois
   Il ne faut pas douter que prompt il n'obtempere:
   "Jamais l'homme de bien ne contredit son Pere.   568
Andromache. Allons l'en supplier, mais viste hastons nous.
   Je crains qu'il soit desja dans la presse des coups.
Nourrice. Cessez d'en avoir peur: car j'ay veu nos Gensdarmes
   Qui deçà qui delà se vestent de leurs armes;   572
   Et la trompette creuse avec sa rauque voix
   N'a sommé de sortir pour la troisiesme fois.
Andromache. "Arriere tout delay. La chose necessaire
   "Trop tard executée est la mort d'un affaire.   576
   Et puis s'il est un coup au combat enfourné
   Je ne croiray jamais qu'il en soit ramené.

568 Jamais /Pere   569 "Allons

Nourrice. Voyez Priam à temps avec deux de vos freres.[28]

Andromache. Je vous invoque tous ô bons Dieux tutelaires! 580

Priam. Andromache ma fille et qui vous meine ici?

Andromache. Le desir de vous voir et mes freres aussi.

Priam. Je louë en vous cela comme toute autre chose.
  Mais puisque vostre Hector au combat se dispose, 584
  Pourquoy comme autresfois n'aidez vous à l'armer?

Andromache. Si tost que le Soleil est sorti de la mer
  Il a crié trois fois qu'on luy porte ses armes.

Priam. Aussi la diligence est requise aux gensd'armes. 588

Andromache. Jamais il n'eut le cœur si bruslant du combat.

Priam. Le Prince genereux y prend tout son esbat.

Andromache. Mais telle promptitude à bon droit m'est suspecte.

Priam. "Andromache, le chef qui veut qu'on le respecte, 592
  "Promt à tous accidens, en action par tout,
  "Ne dort la nuict entiere et doit mourir debout.

Andromache. Propos malencontreux comme tu me travailles
  Consentant à ma perte et à ses funerailles! 596

Priam. Qui cause je vous pri', son propos ennuyeux?
  D'où viennent tant de pleurs regorgeans de ses yeux?

Andromache. Mesprise desormais, ô fier Hector, mesprise
  Un songe que le Ciel tristement authorise. 600

Priam. Je n'en puis que juger mais à luy voir le teint
  D'une grande tristesse elle a le cœur attaint.

Andromache. Neglige malheureux, neglige à la malheure
  Cet augure de mort dont ton Pere t'asseure. 604

Priam. Chaste espouse d'Hector raconte les douleurs
  Qui tirent de tes yeux ceste source de pleurs.

Andromache. Ta bonté m'y convie ô Pere venerable.
  Mais pour me soulager du tourment qui m'accable, 608
  Commande en ma faveur que l'on aille querir
  Ton malheureux Hector qui s'obstine à mourir.

Priam. A mourir! Sus mes fils amenez vostre frere,
  Qu'il vienne, je le veux d'authorité de pere. 612
  Leve moy cependant de ce doute profond
  Qui ma trouble pensée esmeut de comble en fond.

Andromache. Quoy que pour mon tourment ta bouche le
    commande,

581 ici.   585 armer   591 suspecte

Que puis-je refuser à si juste demande?[29]   616
Je songeoy ceste nuict au poinct que le sommeil
Couve plus doucement les paupieres de l'œil,
Que j'embrassois Hector pasle, froid et sans ame.
Je l'embrassois, helas ce souvenir me pasme!   620
Soüillé de la poussiere et du sang de ses coups:
Je sentoy quant et quant tremblotter mes genoux,
S'amortir les esprits animans mes arteres,
Et mes nerfs relascher leurs forces ordinaires.   624
A peine je m'esveille et sens un tel defaut
Qu'encor long temps après j'en souspire tout haut.
Mon Hector cependant qu'entre mes bras je presse
Demande qui me tient, me baise, me carresse   628
Au lieu de me tancer, et ma voix longuement
Respond à ses propos par sanglots seulement,
Car le mortel objet dont mon ame estoit plaine
Au creux de mes poulmons retenoit mon halaine.   632
     Encor' une autrefois ce songe infortuné
A mon esprit dolent est depuis retourné;
Las! et me semble encor' sa miserable image
Voler devant mes yeux couverte d'un ombrage.   636
Priam. Si d'un esprit devot j'allume vos Autels,
Escoutez ma priere ô grands Dieux immortels,
Escoutez ô Patrons d'Ilion et de Troye
L'humble accent de ce vœu que Priam vous envoye.   640
     Si le songe mortel que j'enten reciter
Est procedé du Ciel pour nous admonester
Du trespas de mon fils, faites nous tant de grace
De destourner le coup qui sa teste menace: 644
Ou si le Dieu du somme abuseur des Esprits[30]
Un phantosme volage en sa caverne a pris
Pour troubler Andromache et me combler de peine,
Effacez sa frayeur et nous la rendez vaine.   648
Andromache. Que pleust au Ciel cruel le vouloir consentir:
Mais ne le croyez pas: car c'est le desmentir.
J'ay veu du clair Phœbus s'éclipser la lumiere
Luy disant au matin mon songe et ma priere.   652
Recourant à l'autel j'allume un feu sacré,

619 pasle   649 *Stage-direction* Priam

Mais les Dieux destournez ne le prennent à gré,
Il s'esteint aussi tost, et la victime offerte
Bout dessous les charbons dont elle s'est couverte,   656
Sans que jamais j'en puisse à force de souffler
Un peu de claire flame exciter dedans l'air,
De sorte qu'elle reste à l'autel consommée
Et comme tous mes vœux convertie en fumée.   660
Priam. Quel est nostre destin! O Dieux appaisez vous,
    Et conservez Hector pour luy-mesme et pour nous:
    Car puis que vostre grace encor ne nous dédaigne
    Mais par tels messagers nos malheurs nous enseigne,   664
    Permettez d'esperer qu'aupres d'un tel souci
    Encor' pour les Troyens loge quelque merci.
Andromache. "Cognoistre bien son mal ignorant le remede,
    "Priam, c'est un malheur qui tous autres excede.   668
Priam. "C'est aux Dieux en ce poinct qu'il nous faut recourir:
    "Seuls ils peuvent blesser, seuls ils peuvent guarir.
Andromache. "A leur juste vouloir s'égale leur puissance:
    "Rien ne sçauroit tromper leur haute cognoissance: 672
    "Mais plusieurs accidens revélans aux humains,
    "Pour les en garantir n'y meslent point les mains.
Priam. "C'est le propre des Dieux de bien faire à tous hommes
    "Et leur bras ne nous laisse és dangers où nous sommes   676
    "Quand d'un cœur supliant nous cherchons leur secours
    "Mais quand on les mesprise ils font tout le rebours.
Andromache. "C'est bien les mespriser de ne point faire estime
    "De l'advertissement fidele et legitime   680
    "Qui nous vient de leur part, mais par trop de fierté
    "Authoriser en loy sa propre volonté.
Priam. "Qui n'escoute les Dieux pour croire trop soy-mesme
    "Se precipite aveugle à sa ruine extréme.   684
Andromache. Bien tost le sçaurons nous; nous verrons aujourd'huy
    Cet obstiné qui vient l'esprouver dessus luy.
    Retenez son ardeur, car s'il sort à la guerre,
    Sous la lance Gregeoise il mesure la terre.   688
Priam. Il ne dépend de lui pour se donner la loy.
    C'est moy qui suis son Pere et, qui plus est, son Roy;
    Et peux bien s'il me plaist du combat le distraire,

    669 recourir   670 guarir   674 ni   688 terre,

Mais je veux par raison acheminer l'affaire.   692
  O mon plus ferme appuy te voila donc armé?[31]
Hector. Monseigneur, il m'ennuye à languir enfermé.
Priam. Le camp des ennemis s'attend à la bataille.
Hector. A moy ne tiendra pas que le nostre ne saille.   696
Priam. Je crain que le bon-heur ne seconde vos coups.
Hector. "Combatre et bien mourir dépend au moins de nous.
Priam. "Que peut l'homme avancer si le Ciel est contraire?
Hector. "Le Ciel est favorable à qui tasche bien faire.   700
Priam. "Mainte bataille on perd par un secret malheur
  "Où le sage conseil est joint à la valeur.
Hector. "Qui pour un bon sujet arme sa main guerriere
  "Doit marcher au combat sans regarder derriere.   704
Priam. "Quand le bon droit n'est pas à propos deffendu
  "Il tombe en grand hazard s'il n'est du tout perdu.
Hector. "Alors qu'on le deffend par une force ouverte
  "Le gain n'en peut venir sans souffrir de la perte.   708
Priam. "La prudence l'asseure avec moins de hazard,
  "Et bien choisir son temps n'en est la moindre part.
Hector. "Quand un évenement fuit nostre cognoissance
  "Alors doit le discours rechercher l'apparence;   712
  "Et si nous la croyons il faut sans plus tarder,
  "Jusqu'aux navires Grecs nostre flamme darder.
Priam. "Ceste creuse Chimere experte à la faintise
  "Come un autre Prothée eschappe nostre prise,[32]   716
  "Puis la voyant soudain de posture changer,
  "Le jugement se trouble au plus fort du danger!
Hector. "L'ame de nos soldats enflamée à la gloire,
  "Maintenant ou jamais, nous promet la victoire.   720
Priam. Avec beaucoup d'ardeurs ils ont jà combatu,
  "Mais il faut pour gagner plus d'heur que de vertu.
Hector. "L'heur n'abandonne guere un resolu courage.[33]
Priam. "Lors que plus il nous flatte il tourne le visage.   724
Hector. "L'ordinaire des Dieux c'est d'aider aux meilleurs.
Priam. "A tous bons et mauvais ils versent des malheurs.
Hector. Faisons ce qu'il faut faire et leur laissons le reste.
Priam. Mais ne tentons aussi leur courroux manifeste,   728
Hector. "Leur courroux n'est à craindre en faisant son devoir.

692 affaire   693 *Stage-direction* Priam / armé,   727 reste

Priam. "Il est à craindre aussi ne faisant leur vouloir.

Hector. "C'est d'eux que vient l'ardeur qui bout en nos gens-
   d'armes.

Priam. "D'eux vient aussi la peur qui se mesle aux alarmes.   732

Hector. "Ce n'est à nous mortels de sonder leur secret.

Priam. Ils le font trop cognoistre et c'est à mon regret.

Hector. Rien ne nous prognostique une mes-avanture.

Priam. Mais tout si tu vois clair du malheur nous augure.   736

Hector. "Deffendre sa patrie est un auspice heureux.

Priam. "Et la perdre est un acte infame et douloureux.

Hector. "Ne la sert-il pas bien qui pour elle s'expose?

Priam. "Mais il la sert bien mal quand il peut plus grand'chose. 740

Hector. Et que peut d'avantage un homme de valeur?

Priam. Vivre pour l'amour d'elle en un temps de malheur.

Hector. Et n'est-ce pas mon bras qui me peut rendre utile?

Priam. "La prudence du Chef conserve mieux sa ville.   744

Hector. "Le conseil sans la main est une ame sans corps.

Priam. "La main sans le conseil jette aux vents ses efforts.

Hector. Ay-je rien negligé pour l'ordre de l'armee?

Priam. L'ordre és jours malheureux se dissipe en fumee.   748

Hector. Que me faut-il donc faire afin de faire bien?

Priam. Demeurer en sejour sans entreprendre rien.

Hector. Nos gens tous d'une voix demandent la bataille.

Priam. "Le Chef qui les croid trop ne fait chose qui vaille.   752

Hector. Et que diroient les Grecs le voyans reculer?

Priam. Faites bien seulement et les laissez parler.

Hector. Que leur gosier moqueur dégorgera d'outrages!

Priam. C'est peu d'estre blasmez si nous demeurons sages.   756

Hector. Leur risée à nos cœurs toute ardeur esteindra.

Priam. Leur aigreur inutile irritez vous rendra.

Hector. "La honte abastardit une ame genereuse.

Priam. "Mais l'excite à vengeance et la rend vigoureuse.   760

Hector. Vivrons nous donc terrés au creux de ces Remparts?

Priam. "C'est beaucoup de se mettre à l'abri des hazards.

Hector. Bon conseil pour un cœur lasche et pusillanime.

Priam. Meilleur pour un esprit qui la prudence estime.   764

Hector. Après si long repos leur pouvons nous faillir?

Priam. "Pour bien deffendre il faut rarement assaillir.

   747 armee.   755 outrages?

Hector. "C'est comme aux assiegeans on hausse le courage.
Priam. "C'est comme l'assiegé resiste d'avantage.   768
Hector. Pourrez vous supporter de voir vostre maison
    Par telle lascheté se faire une prison?
Priam. Quand Troye on ne pourra garder par des batailles,
    Elle se deffendra par ses fortes murailles.   772
Hector. "Le brave Cavalier, le resolu soldart
    "Ne peut vivre enfermé dedans un Boulevart.
Priam. "Le sage Gouverneur, le prudent Capitaine
    "N'use point de la main où la force en est vaine.   776
Hector. Bien, quittez la campagne et vous verrez bientost
    Fondre dessus nos murs les Gregeois et leur Ost.
Priam. Voila bien dit mon fils, leurs troupes espanduës
    Contre nos hauts Remparts retourneront fonduës[34]   780
    Ne plus ne moins qu'on void les efforts de la mer
    En vain contre les bords par assauts escumer;
    Les flots ont beau doubler leur lutte mugissante
    Elle devient enfin muette et languissante;   784
    Car tousjours les Rochers restent plantez debout
    Pour brider la fureur qui dans les vagues bout.
Hector. Je ne veux démentir ceste bonne esperance;
    Mais tant qu'Hector vivra c'est dessus ceste lance   788
    Non sur des bastions qu'il fonde son appuy.
    "L'espoir d'un cœur vaillant ne dépend que de luy.
Priam. Mon cher fils, mon Hector, ma plus douce pensée
    Ne pren point le conseil d'une ardeur insensée   792
    Qui te guide à la mort sous l'appas d'un combat:
    Tu ne vis parmi nous comme un simple soldat,
    Qui disetteux d'honneur doit chercher aux alarmes
    Quelque Laurier vulgaire à couronner ses armes;   796
    Ta gloire est jà montée en si notable lieu,
    Que le peuple Troyen t'estime un demi Dieu;
    Respecte nonobstant d'un esprit debonnaire
    Ton vieux Pere chenu, ta venerable mere   800
    Qui te prie instamment qu'aujourd'huy le Soleil
    Ne te voye au combat. O guerrier nompareil
    "Cede à nostre vouloir: au double est estimable
    "Qui peut servir aux siens et leur estre agreable.   804

772 murailles,

Hecube. S'il te reste mon fils quelque petite part
  Du respect naturel dont jamais ne depart
  L'homme né pour l'honneur et le bien de sa race,
  Je me promets aussi d'obtenir ceste grace;   808
  Mais les vœux paternels ont sur toy tant de poids
  Qu'ils n'ont aucun besoin du renfort de ma voix.
Hector. Les Dieux ne m'ont formé de si triste nature,
  Je n'ay reçeu de vous si peu de nourriture,   812
  Que je ne sçache au moins tout ce qu'il faut sçavoir
  Pour bien en vostre endroit acquiter mon devoir:
  Mais permettez plustost que je coure fortune,
  Qu'au clair de mon honneur s'imprime tache aucune.   816
  Que va dire le Grec si prompt à se moquer,
  Si pour mon seul regard on ne veut l'attaquer?
Priam. Ceste brave jeunesse aux armes si bien née
  Rabatra le caquet de sa bouche effrenée: 820
  Car quoy que je propose on ne laissera pas
  D'esprouver aujourd'huy la chance des combats.
  Vous Aenée et Paris, Deiphobe et Troïle,
  Polidame et Memnon tirez l'Ost de la ville,   824
  Et le menez aux champs: pour moy je pren le soin
  D'envoyer le secours s'il vous fait de besoin.
  Mais pour toy mon Hector, mon unique esperance,
  La seule ancre sacrée où gist nostre asseurance,   828
  Despoüille ceste armeure et demeure à requoy;
  Je le veux comme Pere et l'enjoins comme Roy.
Hector. O saincte authorité qui m'es tousjours sacrée
  Je ne sçauroy faillir pourveu que je t'agrée,   832
  Je crain trop d'encourir le celeste courroux,
  Si pour plaire à moy seul je desplaisois à tous!
  Esteins donc ô mon cœur toute ardeur de bataille.
  Puis qu'il vous plaist amis je quitte ceste maille,   836
  Cet armet, cet escu, ces greves, ces brassars,
  Et pour sacrifier je prens congé de Mars.
  Travaillez tous pour moy. Noblesse genereuse
  De l'honneur de la lance ardemment amoureuse,   840
  Empeschez que les Grecs ne puissent estimer,
  Qu'Hector saigne du nez[35] quand il se faut armer.
  Vous voyez quel sujet pend au rasteau mes armes,

M'empesche de sortir; courez dans les alarmes,   844
Et si je puis revoir l'heureux jour de demain
Au plus fort des combats vous connoistrez ma main.
   Allez mes compagnons marchez à la bonne heure
Et ne retournez point que la Grece ne pleure   848
La mort de maint grand Duc immolé par le fer
Dessus l'autel de Mars aux deitez d'Enfer.
Chœur. Vueille le Ciel benin soustenir la querelle
   Qu'après mille combats nostre camp renouvelle,   852
   Et si bien renforcer les nerfs de sa vertu,
   Que l'exercite Grec s'en retourne batu,
   Vaincu, desesperé d'avoir perdu sa peine
   A tenter par dix ans une entreprise vaine,   856
   Dont le fruit soit la honte et l'eternel regret
   D'avoir trop obstiné un serment indiscret.[36]
Hector. C'est par là qu'il convient commencer la bataille,
   "Nostre ardeur sans les Dieux n'est rien que feu de paille. 860
   "Mais au reste pensez qu'aux perilleux combats
   "Où l'ordre n'a point lieu, peu sert l'effort du bras.
   "Commande qui le doit, qui le doit obeisse:
   "Ce n'est pas peu d'honneur de faire un bon service.   864
   "L'Empire de plusieurs est volontiers confus;
   Mais comme un seul esprit est par le corps diffus,
   Qui le meut en tous sens, de mesme vostre armée
   D'une volonté seule ait la force animée.   868
   Grands Guerriers je vous tien ce discours en passant;
   Car si le sort fatal en nos faits tout puissant
   Adjouste sa faveur avec vostre conduite,
   Aujourd'huy le Soleil verra la Grece en fuite,   872
   Et vous revenus sains, honorez à l'envi
   De vos bons vieux parens et du peuple ravi.
   De moy qui reste enclos entre ces deux murailles.
   Je sens un feu secret qui me cuit les entrailles   876
   Pour ne participer à ce proche bon-heur,
   Qui vous promet à tous grande moisson d'honneur.
Priam. Vous devez estre Hector assouvi des Trophées
   Desquels on voit briller vos portes estoffées.   880
   "Quand le desir de gloire est trop immoderé,

828 asseurance   844 sortir,   847 heure.   867 sens

　"Le plus sain jugement en devient alteré;
　"Et vouloir faire tout, c'est vouloir l'impossible,
　"Voire il est dommageable encor' plus que penible.　　884
Andromache. Quelque peu mon esprit commence à respirer,
　　Puis qu'Hector est gaigné, puis qu'il veut demeurer
　　Sans tenter aujourd'huy les hazards de la guerre.
　　Ce sainct nœud de respect qui maintenant le serre　　888
　　Tient mon courage à l'ancre au milieu de ces flots,
　　Qui semblent conjurer contre nostre repos.
　"C'est avoir beaucoup fait sur une ame obstinée
　"De la pouvoir contraindre une seule journée.　　892
　"Car il peut advenir que le fatal moment
　"Qu'ocupe le danger coule insensiblement
　"Pour ne plus revenir: le malheur ne sejourne,
　"Et si comme l'on dit sur ses pas ne retourne.　　896
Chœur.　"On se lasse de tout excepté de bien faire.
　　　　　"L'homme amoureux du los
　　　"Trouve son action un plaisir ordinaire,
　　　"Et n'a plus grand travail que son propre repos.　　900
　　　　"Tant plus que l'ame gouste au doux fruit de la gloire
　　　　　"Plus en croist le desir;
　　　"Ce philtre est si plaisant qu'on s'altere à le boire,
　　　"Et que plus on en boit plus en vient de plaisir.　　904
　　　　"Si rien peut exciter la vertu genereuse
　　　　　"C'est la clarté du nom
　　　"Qui penetre à travers toute nuë ombrageuse,
　　　"Et discourt par le Ciel sur l'aisle du renom.　　908
　　　　"La pompe des grandeurs est au sens agreable;
　　　　　"L'or nous charme les yeux;
　　　"La volupté nous rit, nous aimons bonne table;
　　　"Mais le desir d'honneur nous touche encore mieux.　　912
　　　　"Desirable Nectar, delices salutaires
　　　　　"Qui naissez du vray bien,
　　　"Ne vous profanez point à ces ames vulgaires,
　　　"Qui s'estiment beaucoup et ne meritent rien.　　916
　　　　"Que la valeur vous gagne au milieu des batailles:
　　　　　"Là naissent les Lauriers.
　　　"Que sert de raconter les poudreuses medailles?

885 respirer;

"Les triomphes fameux de ces vieux devanciers?   920
  "Certes pour la vertu faut travailler soy-mesme,
  "Endurer froid et chaud,
"Fouler aux pieds la honte et le peril extréme,
"Et porter un courage aussi constant que haut.   924
  "Quand la gloire s'emplume avec de fortes aisles
  "Elle vole en tous lieux;
"Puis s'esleve bien loin de ces choses mortelles,
"Et de rayons divins flambe dedans les Cieux.   928
  "Qui s'endort dans le sein d'une lasche mollesse
  "D'oisiveté vaincu,
"Vain fardeau de la terre, indigne de noblesse,
"Pourra-il tesmoigner qu'il ait jamais vescu?   932
  "Caché dedans la vie ainsi qu'en sepulture
  "Ne soit jamais connu;
"Ne reste rien de luy que son Idole obscure
"Refondant dans le Rien dont il estoit venu.   936
  "Ce n'est point la raison que le vice s'empare
  "Du prix des vertueux,
"Qui n'est mis à l'enquan ni pour l'argent avare,
"Ni pour le vain orgueil de ces présomptueux.   940

ACTE III

Hector, Antenor, Messager, Chœur, Hecube,
Priam, Andromache, Cassandre

Hector. "Tous Arts pour dire vray sont pratiquez à peine;
    "Mais l'illustre mestier du noble Capitaine
    "Est tant plus difficile à bien executer,
    "Qu'on le void en honneur tous autres surmonter.   944
    "Alors que l'artisan se trompe en son ouvrage,
    "Par les regles de l'art conjointes à l'usage
    "Il corrige le vice et remet tout à poinct;
    "Mais les fautes d'honneur ne se reparent point: 948
    "Une erreur fort legere, une parole obmise,
    "Un effet negligé l'exposent à la prise

922 chaud;

"D'un tas de mesdisans plus lasches qu'envieux
"Ausquels son vif esclat blesse l'ame et les yeux: 952
"Ces mouches qui jamais au poli ne s'attachent
"Leurs poignans aguillons impudemment delaschent
"Contre un cœur innocent, et pour le piquer fort
"Aiment mieux en sa playe y recevoir la mort.   956
   Je pense oüir desja des langues monsongeres
Enfoncer mon honneur de cent pointes legeres;
Et pense voir desja les insolens Gregeois
Accompagner leurs coups de blasphemantes voix   960
Contre ma gloire acquise aux despens de leur vie:
Mais si demain revient j'osteray toute envie
D'outrager mon courage, et blasmer desormais
Ce bras de qui la peur ne triompha jamais.   964
Antenor.[37] Bien que nostre Ost vainqueur ailleurs les embesoigne
   "Fain toy qu'il soit ainsi, je ne tourne à vergoigne
   "A l'homme qui demeure en ses faits innocent,
   "Si quelqu'un le decoupe alors qu'il est absent.   968
   "Aussi nostre devoir, seule regle infaillible
   "Où l'honneur se mesure, excepte l'impossible:
   "Et de là je compren ô Chevalier parfait,
   "Que l'offence ne touche à qui point ne la sçait,   972
   "Et que celuy sans plus doit en boire l'injure
   "Qui l'oit, et n'en dit mot, la connoist, et l'endure.
Hector. "Il mourra sans renom qui de luy n'a souci.
Antenor. "Il vivra sans repos qui s'en afflige aussi.   976
Hector. "Celuy merite affront que la crainte fait taire.
Antenor. "Et blasme qui mesdit sans voir son adversaire.
Hector. "Il ne faut point souffrir qu'on mal parle de nous.
Antenor. "Quoy que l'on fist tout bien on ne peut plaire à
       tous.   980
Hector. Qu'on ne leur plaise point, mais au moins qu'ils se taisent.
Antenor. "Plustost les vents bruyans que les langues s'appaisent.
Hector. "La valeur d'un grand Prince apporte de la peur.
Antenor. "Tel parle hardiment qui tremble dans le cœur.   984
Hector. "Mais la gloire languit se ressentant blessée.
Antenor. "Une playe ainsi faite est aussi tost passée.
Hector. "Tousjours la cicatrice en paroist sur le front.

   969 devoir

Antenor. "Encor qu'elle paroisse on n'y lit plus d'affront: 988
    "Ainsi le grand Guerrier que l'honneur deifie,
    "Des marques de ses coups aux siens se glorifie.
Hector. "Aussi par là se void qu'il a bien combatu.
Antenor. "Et par l'autre on connoist qu'il a de la vertu,   992
    "Qui peut estre sans tare et non jamais sans blasme.
Hector. En quoy donc le devoir d'une genereuse ame?
Antenor. "A montrer son courage entier et tout parfait,
    "Soit qu'il faille employer la parole ou l'effet: 996
    Bref tel qu'on void reluire en ta valeur extréme,
    Qui doit tout son exemple emprunter de soy-mesme.
Hector. Ne connoissant en moy ceste perfection,
    Il me plaist rapporter à ton affection   1000
    Cet éloge d'honneur plustost qu'à mon merite;
    Si parfois je fay bien en cela je t'imite.
    Mais rompons là mon Pere, et recherchons plustost
    Quel succés de fortune accompagne nostre Ost.   1004
Antenor. J'ay connu des blessez qui rentroient dans la ville
    Qu'Alexandre, Memnon, Deiphobe et Troïle
    Par émulation font tous à qui mieux mieux:
    Que d'un autre costé les Grecs audacieux   1008
    Assaillent rudement et rudement repoussent.
    Telle qu'on void la mer quand deux vents la courrouçent
    Par leur souffle contraire en berçant reflotter
    Et vague contre vague escumeuse affronter;   1012
    Semblables on peut voir les deux fortes armées
    De desirs ennemis à la charge animées,
    Tantost aller avant et tantost reculer;
    Sur elles la victoire est balancée en l'air,   1016
    Sans qu'on puisse connoistre à son aisle douteuse
    Quelle part tournera sa faveur paresseuse.
Hector. Regardez Troye ô Dieux, et son vol arresté
    Ferme se maintiendra dessus nostre costé,   1020
    Après que le fier Mars l'aura tins en secousse;
    "Car vostre vouloir juste est le vent qui le pousse.
Antenor. Je m'en vay reconnistre avec ces propres yeux
    Qui des Camps opposez se portera le mieux;   1024
    Puis quand du haut sommet de nos larges murailles

    999 perfection;   1018 paresseuse,

Mon œil aura couru par les rangs des batailles,
Je t'en feray rapport, afin que par conseil,
Tu vanges le defaut de ton bras nompareil.   1028
Hector. Va mon cher Anthenor, et sur le champ avise
Les moyens d'avancer nostre juste entreprise:
Car les sages discours de ton Esprit prudent
Ont fraudé plusieurs fois maint sinistre accident.   1032
   "Quel desplaisir ressent un genereux courage
"Qui bout après la gloire, et cherit davantage
"Le penible labeur que le morne repos,
"Quand sa vertu hautaine amoureuse de los   1036
"Repose au lasche sein d'une molle paresse,
"Dont la froide langueur engourdit la proüesse.
"La vertu se nourrit de sa propre action;
"Et l'ame avantureuse en qui l'ambition   1040
"De se faire connoistre aux peuples de la terre
"Assaut tous les pensers d'une secrete guerre
"Pense que le cesser[38] d'employer sa valeur
"Lui tient lieu de reproche ou d'extréme malheur.   1044
   "O trois fois bien-heureux sur tous autres j'estime
"Qui dispose à son gré d'un dessein magnanime,
"Sans estre inquieté par les exhortemens
"D'un pere apprehensif, par les embrassemens   1048
"Que joint à ses baisers une femme agreable,
"Par les vœux respectez d'une mere honorable,
"Par les graves conseils des vieillards reverez,
"Quand di-je à la vertu ses efforts sont tirez.   1052
O moy que ces liens captivent dans la ville,
Je reste mal'heureux aussi bien qu'inutile;
Si je croy de bien faire en demeurant ici,
Je crain que n'en sortant je face mal aussi.   1056
"La clarté n'est clarté sinon qu'elle apparoisse:
"C'est beaucoup d'estre bon, mais plus qu'on le connoisse:
"Car de là naist au cœur un plaisir si constant,
"Qu'il reste de soy-mesme en soy-mesme content.   1060
"Si les bons toutesfois tiennent d'experience,
"Qu'il n'est un tel rampart que de la conscience,
"Mon esprit est sans gesne et mon cœur sans remors,

1044 Qui tient   1048 apprehenif   1053 Où   1063 remors;

Tout prest et disposé de paroistre dehors.   1064
Chœur. Qui voudroit te blasmer, Chevalier sans reproche,
    Dessous un front d'acier auroit un cœur de roche:
    Ton renom glorieux de tels rayons nous luit,
    Que comme un clair Soleil il perce toute nuit.   1068
    Les grands chefs de Mycene[39] ont senti ta vaillance:
    Desja grand nombre d'eux sont bronchez sous ta lance,
    Dont le nom sert de preuve à ta rare vertu:
    Mais c'est plus grand honneur de t'avoir combatu   1072
    Et d'en rester privé de l'ame et de la gloire,
    Que d'avoir sur tout autre obtenu la victoire.[40]
    "Car c'est un argument de cœur avantureux,
    "Que d'oser assaillir un homme valeureux.   1076
    "Les Lions courageux de l'Affrique rostie
    "S'esjouissent de voir un Toreau pour partie,
    "Et ne poursuivent point les papillons volans.
    "Ceux-là dont les esprits sentent de hauts élans,   1080
    "Couvent mille dépits au fonds de leur poitrine
    "Alors qu'un bas subjet aux coups les achemine;
    "Mais si quelque grand Chef se presente au combat,
    "D'allegresse et d'ardeur le courage leur bat.   1084
    O foudre des Guerriers aux plus fiers redoutable,
    S'il est un seul mortel qui te soit comparable
    Ajax le pourra dire, Ajax dont le fort bras
    Porte un large bouclier couvert à sept rebras:[41]   1088
    Thenere[42] en parlera qui d'une main fort juste
    Pousse le dard volant et la fleche robuste:
    On le pourra sçavoir du grand Agamemnon
    Qui passe tous les Grecs et de rang et de nom: 1092
    Il sera tesmoigné du courageux Tytide,
    Qui combatroit les Dieux de son bras homicide:
    Il sera reconnu du vieux Prince Nestor,
    Qui parlant au conseil verse un beau fleuve d'or;   1096
    Et rapporté du double et cauteleux Ulysse
    Dont on craint moins le bras que l'accorte malice,
    Et confirmé d'Achile encores que ses yeux
    Soient voilez contre toy d'un courroux envieux.   1100
    Aussi l'on dit par tout où parvient la nouvelle
1098 malice.

Des combats entrepris pour Helene la belle,
Que tu sers aux Troyens comme d'un mur d'airain
Duquel estans couverts on les assaut en vain.   1104
Non les hommes sans plus, les choses insensibles
Admirent à l'envi tes forces invincibles.
Combien de fois le mont à Cybelle sacré[43]
Regardant à ses pieds un peuple massacré   1108
Qui faisoit de toy seul sa mourante complainte,
A-il tremblé d'horreur, de merveille et de crainte?
Combien de fois les champs qu'il descouvre plus bas
Furent-ils esbranlez sous les coups de tes bras?   1112
Combien de fois encor' Simois et Scamandre[44]
Voyans à gros torrens le sang Gregeois s'espandre
Dans leurs flots estonnez de perdre leur couleur,
Au fonds de leurs palais points d'ire et de douleur   1116
Ont-ils craint que les corps dont tu peuplois les ondes
Gardassent de rouler leurs Nimphes vagabondes?
   D'entre tous ces tesmoins et muets et parlans
Qui vont à qui mieux mieux ta vertu revelans,   1120
S'esleve haute en l'air la prompte Renommée[45]
Qui d'une bouche vraye et non jamais fermée
Publie à tous venans qu'en valeur et conseil
Tu n'as point de second sous le cours du Soleil.   1124
Hector. Si j'ay veu mes exploits marquez en la memoire
   L'honneur en soit aux Dieux: car je ne veux point croire
   Que nostre heur és combats naisse de nostre main:
   "Si le Ciel ne benit l'homme travaille en vain.[46]   1128
Chœur. "La grandeur des humains n'a rien de plus celeste,
   "Que quand parmi sa gloire elle est sage et modeste.
Hector. "Celuy qui se connoist ne mesconnoist point Dieu,
   "Qui dispose de tous et préside en tout lieu.   1132
Chœur. "Bien que cela soit vray, l'on peut sans faire outrage
   "A l'ouvrier, honorer l'instrument et l'ouvrage.
   "Quand quelqu'un a bien fait par le secours des Dieux,
   "Il ne le faut priver d'un renom glorieux: 1136
   "Car la douce loüange entretient et fomente
   "Le desir de bien faire en toute ame excellente.
Hector. "Celuy-là qui sert bien dessert un beau loyer;

1105 plus;   1110 horreur

"Autrement il viendroit plus lent à s'employer.   1140
Chœur. "Le guerdon seul de gloire est propre et convenable
"A couronner en l'homme une action loüable.
Hector. "Tous ces autres thresors qu'on cherche avidement,
"Au prix d'un bruit fameux ne sont rien voirement.   1144
Chœur. "C'est par ceste aisle aussi que les hommes de guerre
"Volent durant leurs jours par le rond de la terre.
Hector. "Dites plus, que le bruit acquis à leur valeur
"Fait naistre une autre vie en la mort de la leur.   1148
Chœur. "Car si pour peu de jours tristes et perissables
"Leur corps enduroit tant, ils seroient miserables.
Hector. "Il vaudroit mieux çà bas n'estre jamais venu,
"Que sortir du Theatre et n'estre point connu.   1152
Chœur. "Ce desir que Nature ente aux ames plus belles
"Nous admoneste assez qu'elles sont immortelles.
Hector. "C'est de ce haut espoir que nostre integrité
"Prend sur tous nos desseins suprême authorité.   1156
Chœur. "Voyez comme chacun tasche mesme à revivre
"Es traits inanimez de la bronze et du cuivre.[47]
Hector. "Respire qui voudra dans le mort des portraits,
"J'aime mieux quand à moy vivre dedans mes faits.   1160
Chœur. "Ils conservent aussi les traits de nostre gloire
"Beaucoup plus longuement que l'airain et l'ivoire.
Hector. "Si pour montrer le corps on prend tant de labeur,
"Combien en faut-il prendre à faire voir le cœur?   1164
Chœur. "Cela fait que la vie à la mort on eschange,
"Lors que l'on se promet d'en acquerir loüange.
Hector. "J'ay tousjours resolu sur semblable discours,
"Qu'il falloit beaucoup faire et vivre moins de jours.   1168
Chœur. "La longueur de la vie aussi ne se mesure
"Par le seul nombre d'ans que nous prescrit nature.
Hector. "Il vaut mieux faisant bien vivre un jour seulement,
"Que durer un long siecle et vivre oisivement.   1172
Chœur. "La paresse langarde et foible en toute sorte
"Est de l'homme vivant la sepulture morte.
Hector. "Qui par faveur du Ciel est au bien adonné,
"Dans ses tristes liens n'est jamais enchaîné.   1176
Chœur. "Aussi quand ce poison dans nostre ame se glisse,

1154 immortelles   1160 faits

"Il la charme et l'endort és ordures du vice.

Hector. Qu'il n'approche jamais les murs d'une Cité,
Qui conforme ses mœurs aux regles d'équité.   1180
Mais quel bruyant tumulte estourdit mon oreille?
Est-ce un renfort nouveau que Priam appareille
Pour secourir nos gens? Quel trouble oy-je là bas?
Non, ce n'est point un bruit esmeu par des soldats,   1184
Ce sont des cris piteux et des voix effroyables,
Des soupirs confondus aux accens lamentables
Dont la rumeur ressemble aux abois mugissans
Que fait le vent mutin sur les flots blanchissans,   1188
Qui contestent ensemble et bruyent le naufrage
Venans à se briser aux durs flancs du rivage.
Marchons pour en sçavoir.

Chœur.   N'allez jà plus avant,
Voici l'un de vos gens qui nous vient au devant.   1192

Hector. Quel murmure là bas hautement se demeine?
Mon amy di le nous; tu respires à peine.

Messager.[48] O magnanime Hector j'accours aussi de loin
Implorer ta valeur à l'extréme besoin.   1196

Hector. Qu'est-il donc survenu? La fortune animée
Faut-elle de garand à l'heur de nostre armée?

Messager. Ton camp subsiste à peine, et les squadrons Gregeois
Le rechassent vers Troye et de main et de voix.[49]   1200

Hector. Que font vos compagnons? Que font vos Capitaines?

Messager. Ils s'efforcent beaucoup, mais leurs armes sont vaines.

Hector. Et nos Princes Troyens joignent-ils point de pres?

Messager. Chacun veut acquerir la palme ou le Cipres.   1204

Hector. "Il ne faut qu'un poltron pour causer le desordre.

Messager. Las! c'est par un malheur non faute de bien mordre.
Troye armée au combat allegrement couroit
Devers l'Ost Argien qui rengé demouroit   1208
Sur les champs estendus, d'où le bruit d'un tonnerre
Sembloit comme sortir et rouler par la terre:[50]
L'Olimpe en trembloit tout, et les bas fondemens
Chanceloient sous les pieds, les clairs hannissemens   1212
Des chevaux escumans bruyoient dedans le vuide,
Et Xante[51] se cachoit en son Palais humide.

1204 *Stage-direction* Chœur   1206 *Stage-direction* Chœur

A grand peine eut fini cet horrible moment,
Que les camps ennemis d'un roide eslancement   1216
Se ruent l'un sur l'autre, et par le fier outrage
De la langue et du bras enveniment leur rage.
L'un deffendoit tantost et tantost assailloit,
L'autre les coups reçeus au double rebailloit;   1220
Le soldat au soldat, le gendarme au gendarme
S'attachoit fierement,[52] en sa mort nulle larme
Il ne versoit de l'œil, ains tomboit menaçant
Du trespas jà reçeu ceux qui l'alloient pressant.   1224
Les Chefs des deux parties recherchoient dans la presse
Un champion illustre et vanté de proüesse,
Ne voulans pas cueillir dessus le champ d'honneur
Une palme de prix moindre que leur valeur;   1228
Si bien qu'en mille endroits par l'espée et la lance
On vuidoit des duels aspirans à l'outrance.
    Mais quand aucuns des Grecs plus hautains et plus forts
Ont signalé leurs coups de trois ou quatre morts,   1232
Et ne trouvent plus rien qui vueille faire teste,
Ils roulent par l'armée ainsi qu'une tempeste
Et n'apercevans point en nos squadrons rangez
Flamboyer ton armet, ils font des enragez,   1236
Comme loups attaquans les bœufs gras d'un herbage,
Tandis que le Pasteur cause au proche village.[53]
    Comment? proferent-ils d'un accent orgueilleux,
Où est donc cet Hector? ce Prince merveilleux?   1240
Ce puissant champion? ce gendarme bravache?
Lorsque l'on vient aux mains il demeure en sa cache?
Promettoit-il n'aguere un si brave dessein?
Andromache, pensez, le mignarde en son sein   1244
Tandis que ces soldats sans chef et sans courage,
Victimes de nos mains, tombent en ce carnage.
Ces termes par les Grecs prononcez asprement
Dans les cœurs des Troyens forment l'estonnement: 1248
Et quoy que nos Seigneurs que ce discours desole,
Exhortent vivement d'exemple et de parole,
Courent aux premiers rangs, loüent les bons soldars,
Et blasment hautement ceux qui font des coüards,[54] 1252

1233 teste;

Par un fatal destin, car ainsi je l'appelle,
Nostre camp mal mené ne bat plus que d'une aisle;
Et s'il ne void bien tost ton bel Astre esclairer,
Il medite sa route et se va retirer.   1256
    C'est pitié que de voir nos bandes esclarcies
Des Dolopes guerriers dont les mains sont roussies
Au sang des Phrigiens qui regorge à ruisseaux;
C'est une horreur de voir les soldats à monceaux   1260
L'un sur l'autre entassez, et les meilleurs gensd'armes
Captifs sous leurs chevaux et pressez de leurs armes.[55]
C'est peu pourtant au prix des longs gemissemens,
Des soupirs éclatans, des aigus hurlemens   1264
Que jettent alentour de maintes funerailles
Ceux que l'âge et le sexe exemptent des batailles.
Jà la ville en fremit, et les bourgeois troublez
Attendent leur ruine en cent lieux assemblez.   1268
    Où court si tost Hector transporté de colere?
Chœur. Après avoir connu comme va nostre affaire,
    Il va donner quelque ordre à dresser du secours.
Messager. Allez donc l'assister, car au camp je recours   1272
    En porter à nos gens l'espoir et la nouvelle.
Chœur.[56] O fortune inconstante, outrageuse, et rebelle!
    Jusqu'à quand ce malheur? Doit-on plus esperer
    De voir par les combats nostre honneur prosperer?   1276
    Les Cieux sont-ils tournez en faveur de la Grece?
    A ce coup donc ô Troye augmente ta tristesse,
    Redouble tes soupirs; le destin rigoureux
    Haste les mouvemens de ton sort malheureux;   1280
    Ces voleurs inhumains nous vont faire leur proye.
    On dira quelque jour, ici jadis fut Troye,
    Là son grand Ilion enclos de plus de tours,
    Qu'au cours de l'an entier on ne conte de jours.   1284
    "Tout perit ici bas;[57] les hommes, les familles,
    "Les maisons, les Palais, les Chasteaux et les villes;
    "Et les Empires mesme ont leur but limité:
    "Rien ne sçauroit durer en toute eternité,   1288
    "Que l'eternité seule, et les saisons qui changent

1253 destin;   1263 gemissemens.   1269 colere.   1281 proye,
1282 jour   1288 eternitè

"Font les jours, puis les jours l'un par l'autre se mangent.
Mais voila pas Heleine? Ella approche vers nous.
O l'unique sujet de la perte de tous   1292
Tu causes de grands maux, et ce n'est point merveille:
On debatroit mille ans une beauté pareille.
"Entendons ces soupirs: c'est un contentement
"D'oüir en son malheur lamenter doucement.[58]   1296
Heleine. O miserable Heleine! ô Dame infortunée!
Tu pleures à bon droit, puis que tu ne fus née
Que pour causer la mort de tant d'hommes vaillans
Au front des murs Troyens à l'envi bataillans.   1300
   Ceste fleur de beauté qui tombe en peu d'années,
Ces Lys soudain passez, ces roses tost fanées,
Cet œil en moins de rien couvert d'obscurité
Devoit-il estre ô Dieux à tel pris acheté?   1304
   Tant d'illustres Seigneurs, de Princes remarquables
A l'égal ennemis, à l'égal miserables,
Occis pour mon sujet valent-ils moins que moy,
Moy qui vis sans honneur aussi bien que sans foy?   1308
   Je doy d'un trouble estrange avoir l'ame saisie,
Voyant dedans un champ l'Europe avec l'Asie
Combatre pour moy seule, et s'enferrer de coups
Au gré de mes rivaux l'un de l'autre jaloux.   1312
   Puis-je vivre asseurée au milieu de ces vefves
Qui detestent la Grece, et maudissent les glaives
Par qui leurs chers maris forcez de tomber bas
Ont espandu la vie au milieu des combats?   1316
   De quelle œillade ô Dieux! puis-je estre regardée
De l'amante fidele à l'amant accordée,
Qui par un dur destin à la mort succombant
Soupire encor pour elle et la nomme en tombant?   1320
   De quel front puis-je voir ces miserables peres
Que la mort de leurs fils envieillit de miseres,
Quand leur œil plain de rage ils élancent sur moy
Qui m'accuse et convainc de causer leur esmoy?   1324
   Combien d'aigres tourmens et de traverses dures
Enduray-je au dur son des cruelles injures
Que me font les parens, les freres, les amis,

1297 *Stage-direction* Heleine is omitted.

De ceux que l'espée Grecque au monument a mis? 1328
  O trois fois malheureuse et quatre fois encore,
Si j'ay perdu l'honneur qui la femme decore,
Dois-je encor desirer l'usufruit de ce jour,
Pour estre objet de haine aussi bien que d'amour? 1332
Las! cachons nous plustost au centre de la terre
Que d'estre le flambeau d'une eternelle guerre:
Puis que j'ay par ma vie allumé ces combats,
Haston de les esteindre avecques mon trespas. 1336
  O Guerriers ennemis appaisez vos querelles;
Puis que j'ay suscité vos haines mutuelles,
Accourez tous ici pour me ravir d'accord,
Et devant vos deux camps me juger à la mort. 1340
  De vos si longs malheurs je suis seule coulpable;
Seule par la raison faites moy punissable:
Ainsi des deux costez nous resterons contens,
Moy de souffrir le mal et vous d'en estre exempts. 1344
  Mieux vaut que vos combats ce conseil salutaire:
O Gregeois, ô Troyens, moderez la colere,
Et si ce n'est par haine au moins par amitié
Accordez moy la mort prenant de vous pitié. 1348
  Yeux trop clairs à mon dam couvrez vous de tenebres;
Ne voyez plus des jours que vous rendez funebres;
Las! ne regardez plus sur ces champs beaux et vers
Qui de meurtre et de sang sont pour vous recouverts. 1352
  Bouche qui consentis à l'amoureuse envie
Du plus beau des Pasteurs[59] que je fusse ravie
Ferme toy desormais, cesse de respirer;
Miserable! es-tu point lasse de soupirer? 1356
  Oreille qui reçeus la parole charmeuse
Dont je senti gagner ma pensée amoureuse
Clos ton entree aux voix; que mon ame par toy
N'entende jamais plus blasphemer contre moy. 1360
  Perdons avec l'amour toute autre connoissance,
Et montron que ce fut le sort de ma naissance
Qui porta ces malheurs, non pas ma volonté:
"Un peché fait par force est de blasme exempté. 1364
Chœur.   Ne te desole plus Heleine,
    Bien que le sujet en soit grand:

"Quand le Ciel nous livre à la peine,
"On a beau chercher un garant.   1368
"Celuy-là qui le moins y pense
"Fera par fois le plus grand mal;
"Mais il n'est chargé de l'offence,
"Quand c'est par accident fatal.   1372
O belle, rien ne te contraigne
A troubler ton cœur de souci;
Tu vaux certes que l'on te plaigne,
Quoy que tu causes tout ceci.   1376

Chœur.   "L'Ame à la vertu vive et promte
"N'apprehende rien que la honte,
"La honte la peut esmouvoir:
"Toute autre passion volage   1380
"Ne penetre point un courage,
"Qui n'ouvre les yeux qu'au devoir.
     "L'homme qui n'est enflé d'audace
"A tendre le cœur et la face: 1384
"Le meschant a le front de fer;
"Et tant s'en faut qu'il se l'imprime
"De la vergongne de son crime
"Sa bouche en oze triompher.   1388
     "La seule apparence de vice
"Qui dans l'opinion se glisse
"Pour decevoir le jugement,
"Afflige l'ame genereuse   1392
"Que la gloire rend amoureuse,
"Et luy donne un secret tourment.
     "Qui n'a soin de sa renommée
"Bien ou mal au monde semée   1396
"N'a l'esprit d'honneur animé:
"Je vous pri' quel autre salaire
"Peut-on attendre de bien faire,
"Que d'en estre bien estimé?   1400
     "Pourquoy tant d'honorables peines
"Supportent les grands Capitaines;
"Pourquoy les hazardeux soldarts
"S'eslancent-ils en tant d'alarmes,   1404

1379 esmouvoir   1400 estimé.

"Sinon pour la gloire des armes
"Qui les celebre en toutes parts?
　"Est-il un seul qui ne desire
"Aux yeux du monde se produire　　　　　　1408
"Sur le Theatre de l'honneur;
"Qui beuvant les douces loüanges
"Des siens et des peuples estranges
"N'en gratifie à son bon-heur?　　　　　　1412
　"Non qu'il faille qu'une belle ame
"Se confonde au vent de tout blasme
"Qui par l'envie est suscité.
"L'homme que la constance asseure,　　　　1416
"Tousjours comme un cube demeure
"Ferme en sa propre gravité.[60]
　"Qui craindroit trop ceste tempeste
"Auroit tousjours martel en teste,　　　　1420
"Et son cœur seroit esbranlé
"Comme la barque trop legere,
"Qu'Aquilon roüe en sa colere
"Sur les sillons du flot salé.　　　　　　　1424
　"Il ne fut jamais belle vie
"Exempte de haine et d'envie,
"Le Soleil sans ombre ne luit.
"La course excite la poussiere.　　　　　　1428
"Mais tousjours la vive lumiere
"Paroist plus claire après la nuit.
　"Quoy que tasche la mesdisance,
"Elle n'aura point la puissance　　　　　　1432
"D'obscurcir un los merité.
"Quoy qu'il sorte de la fumée
"D'une flamme bien allumée
"Elle n'estaint point la clarté.　　　　　　1436
　"La vapeur d'une renommée
"Qui s'est en Astre transformée,
"Esclaire comme un beau Soleil
"Faite plus vive d'âge en âge,　　　　　　1440
"Sans que jamais aucun ombrage
"L'empesche de luire à nostre œil.

1406 parts.　1427 sous ombre

"Encor que le cours de Nature
"Transforme l'homme en pourriture   1444
"Au fonds obscur de son tombeau,
"Si survit-il par sa memoire,
"Et des clairs rayons de la gloire
"Son nom vieillissant devient beau.   1448

ACTE IIII

Andromache, Cassandre, Priam, Hecube

Andromache. Le meschant inhumain m'a donc abandonnée!
   Destin inexorable! et vous noire journée
   Auriez vous sçeu passer sans apporter un mal,
   Un mal qui n'eut jamais ni n'aura point d'égal!   1452
   "Ainsi donques vos coups demeurent imparables?
   "Tournez vous en tous sens, ô mortels miserables,
   "Et l'atteinte mortelle en venez éviter.
   Helas à quel parti puis-je me rejeter?   1456
   Quel Dieu dois-je prier? O femme déplorée
   Ton ame est à ce coup toute desesperée,
   Toute triste et dolente ainçois toute douleur;
   Je n'attens plus nul bien que le dernier malheur.   1460
      Repreniez vous ô Cieux vos seraines lumieres
   Pour tromper nos desirs et moquer nos prieres?
   Pour frauder nostre espoir? Une telle clarté
   Deust-elle servir d'ombre à vostre cruauté?   1464
   Mais est-ce de vous seuls que je me doy complaindre?
   Non, c'est de ce cruel qui vous semble contraindre
   Par l'audace insensée où le porte son cœur
   A verser dessus luy toute vostre rigueur.   1468
      O miserable Hector! la fureur vengeresse
   De quelque grand Demon pour nostre dam te presse
   Bon gré mal gré, de voir, d'affronter l'ennemi,
   De t'en faire litiere, et puis tomber parmi.   1472
      Est-ce ainsi que tu rens ta promesse observée?
   Quoy, tu nous l'as enfrainte aussi tost qu'achevée?
   A peine le serment de ta bouche est sorti,

1451 mal   1474 Quoy

Qu'un effet tout contraire a son vœu démenti.   1476
La sainte authorité d'un pere venerable,
La chaude affection d'une mere honorable,
Le desir des parens tout brulant d'amitié,
Les pleurs et les soupirs d'une chaste moitié,   1480
Bref les vœux d'un païs qui prévoit sa tempeste
Ne sont donc que joüets pour le vent de ta teste?
Rien ne peut arrester la fureur de tes pas:
Tu cours au precipice où t'attend le trespas.   1484
    C'est bien un dur destin qui contre ta nature,
Contre ta douce humeur, contre ta nourriture,
Te fait présomptueux, partial, obstiné,
Pour accomplir en toy le sort prédestiné;   1488
"Quand le dard de la mort la teste nous menace
"Nous perdons tout à coup nostre naïve grace,
"Nos agreables mœurs, nostre instinct gratieux,
"Pour devenir hagards, hautains et furieux.   1492
    O Cassandre ma sœur nostre perte est prochaine!
Tu le dis haut et clair et d'une voix certaine,
En branlant le Laurier dont ton chef est orné;
Mais quoy? l'Oracle en vain pour nous te fut donné.   1496
Tu rechantois tantost que l'incredule Troye
Par le trespas d'un seul est exposée en proye;
L'effet de ta parole aujourd'huy sortira;
Hector s'en va mourir, quand et luy tout mourra.   1500
Cassandre.[61] "Andromache cessez, si les puissans Dieux mesmes
    "Ne sçauroient empescher que les destins suprémes
    "Des hommes nais mortels du soir au lendemain
    "Ne restent accomplis, on pleure bien en vain.   1504
    "Mais pensons pour alors que l'orage qui tonne
    "N'est pas prest à tomber quand plus il nous estonne.
Andromache. Penses-tu mes tourmens consoler à credit?
Je garde trop au cœur ce que tu m'as predit,   1508
Pour m'allaiter encor d'une esperance folle;
Comme le criminel qu'on mene de parole,
Fol, s'aveugle soy-mesme au malheureux succez,
Tandis qu'un Juge entier travaille à son procez.   1512
O douleur incroyable! ô tristesse commune!

1488 prédestiné,   1510 parole

O courage inflexible! ô maudite fortune!
O suport de nos Dieux follement esperé!
O mal indubitable aux Troyens preparé!   1516
Pleurez Dames pleurez vos maris et vos freres,
Pleurez les fers de Troye, et vos propres miseres.
Chœur. C'est donner trop de cours à vostre passion
   "Chaste espouse d'Hector; par cette affliction   1520
   "Et par ce vain transport s'enaigrit la colere
   "Des Dieux dont nous cherchons la faveur salutaire.
Andromache. Qu'on ne m'arreste plus aux charmes de l'espoir,
   Tout est perdu pour moy: je ne m'atten plus voir   1524
   Ce miserable Hector dont j'ay l'ame ravie,
   Ou si je le dois voir il doit estre sans vie.
   Dedans moy comme flots s'abisment les malheurs,
   Dedans moy comme traits penetrent les douleurs,   1528
   Comme orages dans moy les tristesses s'émeuvent.
   Mon cœur est un Enfer: toutes rages s'y treuvent.
Chœur. Tenez ferme la bride à ce ravissement;
   Rentrez dedans vous-mesme et sortez du tourment   1532
   Qui gesne vostre esprit, quand la fureur déborde
   C'est comme un fier Torrent qui sans misericorde
   Emporte ce qu'il treuve, et n'arreste ses pas
   Qu'il n'ait victorieux mis la raison à bas.   1536
Andromache. Si jusques au tombeau le desespoir m'emporte
   Il me sera bien doux en sa rigueur plus forte:
   Car je suis resoluë à mourir paravant
   Qu'Hector mon bien, mon tout cesse d'estre vivant.   1540
Chœur. Quoy que ce seul desir regne dedans vostre ame,
   Retardez-en l'effet, ô magnanime Dame,
   Pour joüir de la joye où baigneront vos yeux
   Tantost qu'il reviendra sur un char glorieux   1544
   Suivi par le pavé d'une pompe Guerriere.
Andromache. Mais plustost estendu dans une longue biere,
   Prest de mettre au tombeau sa derniere maison.
   Si je veux donc mourir ay-je pas bien raison?   1548
Chœur. Vostre aprehension qui tousjours continuë
   Vous ombrage l'esprit d'une grossiere nuë
   A travers de laquelle un peril fort leger

1520 Hector,   1530 Enfer

Se transforme à vos yeux en extréme danger.   1552
Andromache. L'ame n'est pas tousjours de son sort ignorante.
Chœur. Telle pour son malheur est accorte et sçavante.
Andromache. La mienne est de ce rang: car pour ne celer rien,
    Je voy plus clair au mal que je ne fais au bien.   1556
Chœur. Mais il faut que l'espoir en modere la crainte.
    Parquoy, si la raison n'est dedans vous estainte
    Ramassez l'esperance et dissipez la peur.
    "Il vaut mieux avoir mal qu'avoir faute de cœur.   1560
Andromache. Voici venir Priam. Hà pere miserable,
    Quelle vigueur as-tu que le dueil ne t'accable!
Priam. Hecube, notre Hector s'est desrobé de nous.
Hecube. On me le dit ainsi j'en tremble de courroux.   1564
Priam. J'aprehende ce jour; car il nous est contraire.
Hecube. C'est grand cas voirement qu'on ne l'ait sçeu distraire.
Priam. Et c'est aussi le poinct qui me trouble plus fort.
Hecube. O bons Dieux! destournez la menace du sort.   1568
Priam. "Quelle barriere arreste un genereux courage!
Hecube. Mais quoy? les autres fois il me sembloit si sage.
Priam. Il l'est tousjours beaucoup, mais il brusle d'honneur.
Hecube. "On doit à la raison mesurer son bon-heur.   1572
Priam. Il espere tousjours avoir Mars favorable.
Hecube. Plusieurs sous tel espoir ont un sort lamentable.
Priam. Grand autheur des combats plaise toy l'assister.
Hecube. Avec luy je t'en prie, ô Sauveur Jupiter.   1576
Priam. Allon en rechercher plus certaine nouvelle.
Hecube. Je voy son Andromache et Cassandre avec elle.
Priam. Les voila toutes deux; Hecube, approchon nous.
Hecube. Mes filles venez çà; parlez, que faites vous?   1580
Andromache. Nous pleuron par avance ô Reine venerable
    De nostre grand Hector le malheur lamentable.
Hecube. Pourquoy le pleurez vous au comble de son heur?
Priam. "Aucun n'est malheureux qui vive avec honneur.   1584
Andromache. "Il n'est plus grand malheur que de perdre la vie.
Priam. "Encores d'un plus grand est la honte suivie.
    Mais qui vous fait juger qu'il en doit venir là?
Andromache. Certes, plus que jamais je m'attens à cela.   1588
Priam. C'est en la main d'enhaut qu'est sa fatale trame.

    1563 Hecube   1579 deux   1587 là

Andromache. Vous ne le verrez plus ou ce sera sans ame.

Hecube. O Dieux! qu'est-ce que j'oy: vient-il donc de mourir!

Andromache. Non, mais il est couru nostre camp secourir.   1592

Hecube. En ce danger extréme, extréme est la folie
 De l'avoir laissé seul, plain de melancolie,
 Se ronger tout le cœur de regret et d'ennuy.

Priam. N'en blasmez point aucun: la faute en est à luy.   1596
 Mais vous chaste troupeau, changez en vœux vos larmes;
 Ce n'est point d'aujourd'huy qu'il se trouve és alarmes:
 Puis ceux de qui les Dieux ont espousé le soin
 N'ont manqué de secours s'il leur en fait besoin.   1600
 Mais comme est-il sorti? Sçauriez vous me l'apprendre?

Andromache. A peine avois-je peu dans le temple descendre
 Pour enquerir les Dieux si leur aspre courroux
 Se prolongeoit encor' sur Hector et sur nous,   1604
 Qu'un bruit à l'impourveu tonne dans mon oreille:
 Je sors, et voy le peuple en tremeur nompareille
 Se batre l'estomach, la barbe s'arracher;
 Femmes filles enfans çà et là s'effoucher,[62]   1608
 S'imprimer des terreurs, se faire des complaintes,
 Courir aux saints autels, toucher leurs cornes saintes,[63]
 Baiser les pieds des Dieux, et les tremper de pleurs:
 Moy qu'un soupçon nouveau de ces nouveaux malheurs   1612
 Frappe tout à l'instant, si tost que j'enten dire
 Que le camp des Troyens en fuite se retire,
 Et que de mon Hector on cherche du secours,
 Doutant bien sa sortie au logis je r'acours,   1616
 Afin que s'il vouloit s'emporter de colere,
 Je peusse par mes pleurs du combat le distraire.
 J'arrive, mais trop tard; je ne le trouve plus.
 Las! je ne puis parler, dites leur le surplus.   1620

Chœur. A peine eut vostre Hector entendu le message
 De la route des siens, qu'il bout de vive rage,
 Et sans parler un mot s'encourt viste et dispos
 Au proche ratelier, et prend dessus son dos   1624
 Un harnois flamboyant, en sa main une lance.

Hecube. Vous deviez refrener sa nuisible vaillance.

Chœur. Il parut si terrible en cet accoustrement,

1596 aucun

Que nul à l'arrester ne songea seulement. 1628
Il court droit à l'estable où sa main ne dédagne
D'equiper son cheval, puis sort à la campagne.
Priam. Ici la plainte est vaine, et ce que nous pouvons
C'est d'invoquer pour luy les Dieux que nous servons. 1632
Andromache. "Priam, ce n'est assez quand le malheur nous presse
"D'implorer leur faveur et dormir en paresse,
"La teste dans la plume: ils sont muets et sourds
"A ceux qui sans s'aider invoquent leur secours. 1636
Priam. Mais en l'estat present que puis-je davantage?
Andromache. User de vostre sceptre et le rendre plus sage.
Priam. Avons nous pas en vain ce moyen employé?
Andromache. Encor vous avoit-il son sejour ottroyé. 1640
Priam. Quel bien nous a produit sa legere promesse?
Andromache. Son transport et non luy maintenant la transgresse.
Priam. Par mon authorité je ne l'ay peu tenir.
Andromache. Par vostre authorité faites-le revenir. 1644
Priam. "La voix de la raison se perd au bruit des armes.
Andromache. "L'ame se refroidit en l'effroy des alarmes.
Priam. "Un esprit fort et prompt y devient furieux.
Andromache. "Le peril assagit le plus audacieux. 1648
Priam. C'est tousjours le dernier à faire la retraite.
Andromache. Mais gardez que par luy commence la deffaite.
Priam. Je n'espere du sort une si grand douleur.
Andromache. Hastez vous donc Priam, prevenez son malheur. 1652
Priam. Je crain de luy causer une honte eternelle.
Andromache. Est-ce ainsi je vous pri' que son salut s'apelle?
Priam. Que diront les Grégeois l'ayans veu comparoir . . .
Andromache. Qu'encor à leurs despens ils pourront le revoir. 1656
Priam. Puis disparoir soudain comme un esclair qui passe?
Andromache. Qu'il se reserve encore à leur donner la chasse.
Priam. Peut estre à coüardise il seroit imputé.
Andromache. N'importe par quel prix, mais qu'il soit racheté.[64] 1660
Priam. Mais quel esprit constant consentira de faire
Un vray mal pour un bien à peine imaginaire?
Andromache. Il nous est bien permis d'employer tous moyens:
Il y va de sa vie et du salut des siens. 1664
Priam. "On doit garder l'honneur comme une chose sainte.

1639 employé   1655 comparoir.   1657 passe.

Andromache. "Les coups des ennemis n'y portent point d'atainte.
Priam. "Mais qui veut meriter d'estre bien estimé
  "D'ennemis ni d'amis ne doit estre blasmé.   1668
Andromache. "L'ardeur de plaire à tous que la gloire luy donne
  "Est cause bien souvent qu'il ne plaist à personne.
Priam. "Le meschant a cela qu'à soy-mesme il desplaist,
  "Mais le bon en tous temps demeure tel qu'il est.   1672
Andromache. "Un jugement bien sain ne pense pas mal faire
  "S'il se tire à propos d'un perilleux affaire.
Priam. "Quand sur mainte action le jugement se fait,
  "Pour n'en sçavoir la cause on en blasme l'effet.   1676
Andromache. "Un chef n'est obligé de rendre manifestes
  "Les intimes ressorts qui gouvernent ses gestes.
Priam. "Si bien, en fait d'honneur: car qui n'en est soigneux
  "Fait naistre du scrupule és esprits soupçonneux.   1680
Andromache. On connoist bien qu'Hector a l'ame par trop haute
  Pour taxer sa retraite et l'imputer à faute.
Priam. "Tant plus l'homme est vanté pour ses perfections,
  "Tant plus clair on veut voir dedans ses actions.   1684
Andromache. Et bien, l'on apprendra que sagement il cede
  Au destin invincible, est-ce un mal sans remede?
Priam. On jugera plustost que son esprit tremblant
  Se lasche à la frayeur dessous un faux semblant.   1688
Andromache. O Priam incredule! est-ce ainsi que tu nommes
  Ceste image d'un Dieu qui communique aux hommes,
  Ce Heraut veritable attesté du Soleil?
  Baste, soit fait d'Hector, que jamais plus mon œil   1692
  Ne regarde sa face, à moy seule ne touche
  Le salut de sa vie, ains son pere farouche,
  Sa mere, ses parens, ses amis obstinez
  Pour l'avoir mesprisé se verront ruinez.   1696
  Cependant ô bons Dieux! puis que son propre pere,
  Sa mere, et ses parens non meus de leur misere
  Semblent comme à l'envi s'opposer à son bien,
  Faites que son trespas soit prévenu du mien.   1700
Priam. A vostre affection je remets ces paroles
  Qu'on jugera tousjours temeraires et folles;
  Chacun connoist assez que j'aime vostre espoux;

1672 est   1683 ces   1701 ses

Qu'Hecube et ses parens le cherissent sur tous;   1704
Que ma Cour le respecte et l'admire et l'embrasse
Comme l'appuy de Troye et l'honneur de sa race:
Mais regardez un peu qui le fait estimer,
Rechercher des Seigneurs, et des peuples aimer;   1708
Ce n'est ni sa beauté, ni sa grandeur Royale,
C'est sa rare vertu qui marche sans égale:
Ainsi cessant le fruit d'où germe son bon-heur,
Il ne cueilliroit plus ceste moisson d'honneur.   1712
Mais soit fait toutesfois ainsi qu'elle propose:
Je ne veux pour son bien obmettre aucune chose.
Ide,⁶⁵ cours sur le champ où nos sanglans debats
Se vuident par le sort des hazardeux combats,   1716
Et là me cherche Hector qui veut par sa proüesse
R'animer les Troyens à repousser la Grece:
Quand tu l'auras trouvé, somme le de ma part
De ne tenter plus outre, adjoute le hazard   1720
Dont ce jour le menace, adjoute que sa mere,
Sa femme, ses amis prévoyans leur misere
Lamentent son depart, et le conjurent tous
Par mille et mille vœux de s'abstenir des coups.   1724
Après conseille luy de retirer l'armée;
Qu'aussi bien son effort voleroit en fumée,
Et que perdant nos gens nous n'avancerions rien,
Que nostre seul malheur. Va donques et revien.   1728
Chœur. C'est grand coup de hazard s'il quitte la bataille.
    "Quand l'aguillon d'honneur un courage travaille
    "Rien ne peut l'arracher des prises du combat,
    "S'il void quitter la palme à l'ennemi qu'il bat.   1732
Priam. Voy-je pas Antenor qui devers nous s'approche?
Hecube. Le voici, c'est luy-mesme.
Priam.   O vieillard sans reproche,
    D'où viens-tu je te pri? Sçais-tu que son espoux
    S'est dérobé d'ici pour se trouver aux coups?   1736
Antenor. On ne me l'a point dit, et j'en ay connoissance;
    J'ay bien tost reconnu le branle de sa lance,
    Et le pannache horrible enté sur son armet,
    Qui parmi nos Troyens le courage remet.   1740

    1720 outre.   1736 coups.

Priam. Quoy? l'as-tu desja veu meslé parmi la presse?
Antenor. Mais plustost foudroyant les bataillons de Grece.
Andromache. Je crain bien qu'à la fin luy-mesme foudroyé,
  Soit aux ombres d'embas d'un tonnerre envoyé.   1744
Antenor. Sans luy nous perdion tout. Troye s'en alloit perie.
Priam. Comme l'as-tu connu, di le nous je te prie?
Antenor. Je m'estois peu devant separé d'avec luy,
  Ne songeant de rien moins qu'à sortir aujourd'huy,   1748
  Pour voir quel sort regnoit au milieu de nos armes,
  Et quel devoir rendoient les plus braves Gensdarmes.
  Au sommet d'une tour à peine parvenu,
  J'avois parmi nostre Ost un grand branle connu: 1752
  Tous flechissoient par tout. Je demeurois en doute,
  Pour voir prendre aux Troyens une honteuse route,
  Ressentant à peu pres les mesmes mouvemens
  Où flottoit nostre armée en ses estonnemens;   1756
  Quand soudain j'apperçoy ton Hector magnanime
  Monté sur un coursier que l'esperon anime
  Poudroyer la campagne, et tirer aux combats;
  L'horreur, l'effroy, la mort accompagnoient ses pas.   1760
    Promptement il se fourre à travers nostre armée,
  Qui d'un nouveau courage à l'instant enflammée
  Repousse l'ennemi vivement poursuivant:
  Puis en moins d'un clin d'œil je l'apperçoy devant   1764
  Haut sur tous les Troyens d'espaules et de teste,
  Passer comme un esclair suivi de la tempeste;
  Mais plustost comme un foudre effrayant les regards,
  Et brisant de ses coups lances, piques et dars.   1768
  Contre le fort Ajax et le preux Diomede
  Il se bat main à main mais l'un et l'autre cede.
  Nestor et Merion veulent parer ses coups;
  C'est un foible rempart aux traits de son courroux.   1772
  A luy vient s'opposer le plus vieil des Atrides,[66]
  Il passe comme un vent sur les vagues humides:
  Puis s'enfonce parmi les vulgaires soldarts
  Que sa face dissipe en mille et mille parts: 1776
  Comme quand un Lion poingt de faim et de rage
  Tombe sur les troupeaux qui sont en pasturage;

1768 lances.   1778 pasturage

En fuite il les escarte aussi tost que ses yeux
Lancent dessus leur front un regard furieux.   1780
Nostre camp remis sus sa valeur accompagne,
Et comme un fier torrent ravage la campagne.
L'homme le plus timide est du tout asseuré,
Quand cet astre de guerre a son œil esclairé.   1784
    Après qu'Hector longtemps a couru par la presse,
Il apperçoit Achile, à luy donc il s'adresse,
Met la lance en l'arrest: Achile d'autre part
Auquel moitié du champ s'offre par le hazard,   1788
Honteux de refuser une si belle lice
Tasche à couvrir sa honte avec de l'artifice,
Et se met sur les rangs, lors tous deux de droit fil
Viennent à se heurter, mais d'un choc inutil;   1792
Le bois vole en esclats, et la seule poignée
Leur reste dans la main du grand coup estonnée:
Ils la jettent en l'air, poussent le cheval prompt,
Tournent court l'un vers l'autre, et se trouvent à front, 1796
Desja branlans au poin la redoutable espée,
Qui mille fois s'est veuë au sang haineux trempée.
L'un chamaille sur l'autre, et leurs coups esclatans
D'un effroyable bruit vont en l'air retintans: 1800
Quatre Ciclopes nuds martelans une barre
A grands retours de bras ne font tel tintamarre.[67]
    Comme on voit au Printemps deux Toreaux fort puissans
Après une genisse à l'envi mugissans   1804
De colere, d'amour, de jalousie ardente;
Celuy qui veut joüir en ronflant se presente,
L'autre veut l'empescher; mais après plusieurs coups
Le premier reste seul et le maistre et l'espoux: 1808
Ainsi le grand Hector qui boüillonne de rage
Reste en fin le vainqueur: Achille se dégage,
Et le champ et l'honneur laissant à son Rival,
Se relance en son gros à pointe de cheval;   1812
Et mon œil est trompé s'il n'emporte une attainte
Ou dans le petit ventre ou dans la cuisse emprainte.
Hector pousse après lui, crie: Achile où vas-tu?

1799 escla ans   1814 emprainte   1815 crie Achile

Donc tourner le visage est acte de vertu? 1816
Venge aumoins, si tu peux, ton grand fils de Menéte[68]
Qui se plaindra de toy parmi l'ombre muette.
J'ay bien ouy ces mots. Ores il va par tout,
Puis retourne sur soy, passant de bout en bout 1820
Par l'armée ennemie, et sans tarder en place
Donne aux fiers Mirmidons[69] ou la mort ou la chasse.
De là me naist l'espoir qu'avec l'aide des Dieux
Aujourd'huy nous auron un camp victorieux. 1824
Priam. Le Ciel t'en vueille oüir ô vieillard honorable
Rendant à nos efforts sa dextre favorable.
Comme ton seur rapport ne m'a jamais trompé,
Ainsi puisse mon fils estre au sort eschappé.[70] 1828
Chœur. "Dieu couvre d'un obscur nuage
 "Tout ce qui nous doit arriver.
 "Un beau jour naist au cœur d'Hiver,
 "Et l'Esté se trouble d'orage: 1832
 "On ne sçauroit montrer au doy
 "Ce que le temps porte avec soy.
  "L'ame à soudains momens attainte
 "D'allegresse et de tremblement, 1836
 "Tousjours balance instablement
 "Entre l'esperance et la crainte;
 "Comme la Nef que dans les flots
 "L'ancre ne peut mettre à repos. 1840
  "Tantost sa force est affoiblie,
 "Tantost elle a trop de vigueur,
 "Tantost elle hausse le cœur,
 "Tantost son audace elle oublie, 1844
 "Comme un vent prospere et divers
 "La releve ou jette à l'envers.
  "O bien-heureuse la pensée
 "Qui n'espere rien en souci, 1848
 "Et qui ne desespere aussi;
 "Ne pouvant estre traversée
 "De voir les accidens humains
 "Luy voler ses desirs des mains. 1852
  "Pour elle n'a lieu le desastre,

1853 n'a beu

"Ni l'effort d'un esprit mutin,
"Ni le sort divers du destin,
"Ni l'influence d'aucun astre: 1856
"Quoy qu'on luy vueille susciter,
"Elle peut tout aprofiter.
 "Ses discours reglez de prudence
"Jettent leur regard haut et bas,   1860
"Combien qu'elle n'ignore pas
"Que fort courte est l'intelligence
"De ceux que l'âge et le sçavoir
"Font plus sages appercevoir.   1864
 "Si l'effet trompe son attente,
"Elle n'endort son sentiment
"Pour couler insensiblement
"Dans le malheur qui se presente: 1868
"Mais tousjours preparée à tout,
"Void sa fortune et s'y resoult.
 "Une ame debile au contraire
"Au premier vent peut s'esmouvoir,   1872
"Et quoy qu'elle ait fait tout pouvoir
"A toute heure elle desespere,
"Come si l'homme le plus fin
"Pouvoit maistriser son destin.   1876
 "Aveugle en sa propre science
"Et trouble en son propre repos,
"Elle discourt mal à propos
"Sur l'incertaine experience,   1880
"Pensant regler à quelque loy
"Ce qui ne dépend pas de soy.
 "Ainsi vainement aheurtée,
"S'il advient que sa passion   1884
"La deçoive en l'election;
"Par soy-mesme au double agitée
"Elle s'ouvre à tous les efforts
"Et du dedans et du dehors.   1888
 "Vrayment l'homme est bien miserable,
"L'homme objet de tant de malheurs,
"S'il court au devant des douleurs,
"Qu'il doit attendre de pied stable,   1892

"Pour souffrir sans rien murmurer
"Ce qu'il est forcé d'endurer.

ACTE V

Priam, Hecube

Priam.[71] Hecube, nos malheurs declinent à leur fin.
    Hector par sa valeur eschappe le destin;   1896
    Son bras n'a plus d'obstacle, il perce les batailles
    De l'Ost Gregeois comblé d'horribles funerailles:
    Quoy que de ce combat maint soupçon j'eusse pris
    Le doux vent d'un espoir rallegre mes esprits.   1900
Hecube. "Bien souvent nostre cœur prend de fausses alarmes,
    "Et nos yeux sans sujet versent beaucoup de larmes:
    "Car une fausse peur gagnant l'affection,
    "Egale en ses douleurs la vraye affliction.   1904
Priam. Je l'esprouve aujourd'huy; ce mal imaginaire
    Dont je sen mon esprit peu à peu se deffaire,
    Plus que tout autre ennuy m'a causé du tourment.
    "C'est que l'on craint beaucoup aimant bien cherement.   1908
Hecube. Quand il y va de tout c'est bien raison de craindre.
    Si le sort rigoureux venoit Hector esteindre,
    Il nous faudroit mourir ou de glaive ou d'ennuy;
    Car comme il vit par nous, nous respirons par luy.   1912
Priam. Heureuse et glorieuse à bon droit l'on t'estime
    Pour avoir enfanté cet Heros magnanime,
    Dont le nom immortel en mille lieux porté
    Sera par les mortels d'âge en âge chanté.   1916
Hecube. "Ton heur passe le mien; car un chacun revere
    "Le pere par le fils, et le fils par le pere.
    "On ne pense jamais qu'un homme genereux
    "Soit engendré de sang imbecile et poureux.   1920
Priam. Pour le salut commun le destin nous l'envoye,
    L'honneur en vient sur nous et rejallit sur Troye:
    Car non les seuls parens ont part à son bon-heur,
    Mais toute la patrie en acquiert de l'honneur.   1924
Hecube. Que feroit-elle aussi sans ce grand Capitaine,
    Qui pour son seul repos supporte tant de peine?

Et nous mesmes Priam, que ferions nous encor
Sans le fidele appuy de l'invincible Hector? 1928
Priam. Je repute ma Troye heureuse entre les villes
Non pour son abondance en illustres familes,
Non pour ses murs bastis des propres mains des Dieux,
Non pour ses hautes tours qui voisinent les Cieux, 1932
Non pour ses grands thresors, non pour sa large terre;
Mais pour loger chez soy ce grand homme de guerre,
Qui luy sera tousjours comme un heureux flambeau,
Quand toute elle devroit n'estre plus qu'un tombeau. 1936
Hecube. "C'est un plaisir extréme aux bonnes gens de Peres
"Que leurs fils vigoureux au travail des affaires,
"Marchent d'un train constant sur les pas du devoir,
"Quand d'âge et de foiblesse ils n'ont plus ce pouvoir: 1940
Et je croy que la gloire acquise en tant d'alarmes
Par ton fils nompareil au maniement des armes,
Chatoüille autant ton cœur que l'honneur glorieux
Que t'apportoit jadis ton bras victorieux. 1944
Priam. Non, jamais tel plaisir n'entra dans mon courage
D'avoir en camp ouvert gagné maint avantage,
Quoy que j'aye autrefois sur d'assez bons Guerriers
Conquis à coup d'estoc grand nombre de Lauriers, 1948
Que quand mon cher Hector après quelque victoire
Rentre dedans ces murs plain d'honneur et de gloire,
Quasi comme en triomphe, attrainant après soy
Cent Gensdarmes captifs encor pasles d'effroy. 1952
Hecube. Moy qui ne sentis onc quelle douce allegresse
Espanoüit les sens d'une ame vainqueresse,
Je n'en sçaurois coucher pour la comparaison:
Mais quand je l'apperçoy regagner sa maison 1956
Trempé d'une sueur meslée à la poussiere,
Je sen plus de plaisir qu'à la pompe nopciere
De ma plus chere fille, à qui le sort heureux
Accouploit un Prince aimable et valeureux.[72] 1960
Priam. "Quelquefois un malheur peut estre profitable.[73]
Si la main du destin, destin inévitable,
Tant d'accidens fascheux sur nos chefs ne rouloit,
Nous n'aurion pas connu ce qu'Hector nous valoit. 1964

1933 ces   1958 nopciere,

Hecube. "Le Pilote on neglige en temps bonace et calme,
   "Et le Guerrier en paix n'acquiert aucune palme.
   "Au contraire on connoist la force et le bon-heur;
   "En un penible champ croist la moisson d'honneur.   1968
Priam. "La vie est voirement plus belle et glorieuse
   "Que plusieurs accidens rendent laborieuse:
   "Car le flambeau de gloire à l'air estant porté
   "Ne s'allume jamais s'il n'est fort agité.   1972
Hecube. "Une vie exercée és tempestes humaines
   "Sous l'orage fatal de cent diverses peines
   "Laisse à parler de soy beaucoup plus largement
   "Qu'une autre toute libre et franche de tourment.   1976
   "Mais je tien quant à moy qu'il est plus souhaitable
   "D'avoir une carriere en tous endroits équable,
   "Que marcher un chemin difficile et tortu,
   "Tel que l'on nous a feint le sentier de vertu: 1980
   "Car l'homme est possesseur d'une grace divine,
   "Qui prend sans se piquer la rose sur l'espine.
Priam. "La mer seroit sujette à la corruption,
   "S'elle dormoit tousjours sans nulle émotion: 1984
   "Ainsi l'ame languit de paresse infectée,
   "Si par soin et travail elle n'est agitée.
Hecube. "Comme un peu d'exercice est propre à la santé,
   "Et le corps par le trop se sent violenté: 1988
   "Un peu de mal profite à nostre experience,
   "Mais le trop en souffrir force la patience.
Priam. "Si le cœur des mortels n'estoit comme endurci
   "A la trempe des maux qu'ils endurent ici,   1992
   "Il seroit penetrable aux violentes pointes,
   "Que nostre opinion au malheur a conjointes.
   L'exemple n'est point loin, emprunton le de nous.
   Du contraire destin l'implacable courroux   1996
   Nous poursuit tellement depuis plusieurs années,
   Qu'on n'espere plus voir nos peines terminées.
       D'un beau nombre de fils mes getons glorieux,
   Qui sembloient en croissant devoir monter aux cieux,   2000
   La plus grand part attains de la Gregeoise foudre
   Sont bronchez à mes yeux sur la Troyenne poudre.

1967 bon-heur

Mes gendres qu'aux combats ma querelle guida
Ont soupiré leur ame au pied du mont Ida.   2004
Les Princes alliez qui me vindrent deffendre,
Tous presque ont pour tombeaux les vagues de Scamandre.
Et de ces braves Chefs, de ces vaillans soldars
Qui formilloient n'aguere au sein de nos rempars,   2008
Ceux nous restent sans plus que l'aveugle fortune
Sequestre par faveur de la perte commune,
Et possible que l'urne où roule le destin
Reserve au soir ceux-là qu'elle espargne au matin. 2012
"De toutes vanitez la plus vaine c'est l'homme!
"Sa gloire est un phantosme et sa vie un court somme!
Hecube. O bel œil flamboyant du vagabond Soleil
Vis-tu jamais de sort à celuy-ci pareil?   2016
Mais Priam, ne repeins en ma triste memoire
De nos longues douleurs la pitoyable histoire;
Laisse moy savourer quelque trait de repos,
Puis qu'aux Grecs mon Hector a fait monstrer le dos. 2020
Assez avons nous eu par tant d'autres alarmes
Sujet de soupirer et d'espandre des larmes;
Et puis que celle-ci nous montre quelques fleurs
D'espoir et de plaisir ne les noyon de pleurs.   2024
"Plus de maux que de biens le Ciel à l'homme envoye:
"Ne retranchon jamais de nostre courte joye,
"Pour aux longues douleurs folement adjouster:
"Car ce seroit soy-mesme à credit tourmenter.   2028
Priam. Et bien, chassons au loin ces fascheuses pensées
Qui rengregent l'ulcere en nos ames blessées:
"L'homme par tel moyen se deffait sagement
"Sinon de son malheur au moins de son tourment.   2032
Hecube. Je sens tousjours fremir mon ame soupçonneuse
Revenant à penser que la guerre est douteuse,
Et qu'encor mon cher fils est parmi le danger.
O Dieux d'un tel souci venez me dégager.   2036
Priam. Tu fais dedans mon cœur un beau desir renaistre
De l'aller accueillir, de luy tendre la destre,
De le ceindre en ces bras, de luy gratifier
D'avoir sçeu vaincre Achile en ce combat dernier.   2040
Hecube. Oyez le bruit confus qui tonne par la ruë:

C'est l'applaudissement qu'on fait à sa venuë,
Courons viste au devant, Priam avancez vous.
Priam. Arrestez, Andromache arrive devers nous.   2044
Hecube. Ho comme à pas hastez la pauvrette chemine.
Priam. Bons Dieux! elle lamente et se bat la poitrine.
Hecube. Le bon-heur des Troyens seroit-il bien changé?
Priam. Son visage en apporte un certain préjugé.   2048
Andromache. Tumulte avant-coureur de quelque malencontre!
Hecube. La fortune est tournée: Andromache le montre.
Andromache. Un malheur incertain par toy nous est connu.
Priam. Las! quel fatal desastre est encor' survenu?   2052
Andromache. Mais je ne puis connoistre à qui plus il importe.
Hecube. Ma fille, quel ennuy vous trouble en ceste sorte?
Andromache. Madame on voit là bas un peuple confondu
   Qui court par ci par là criant tout est perdu.   2056
Priam. N'avez vous point enquis ce que cela veut dire?
Andromache. Assez, et tout en vain; mais chacun se retire.
Priam. Possible n'est-ce rien qu'une vaine terreur:
   "Un faux bruit met parfois tout un peuple en fureur.   2060
Andromache. Tant de bruyans soupirs dans le Ciel retentissent,
   Qu'il ne faut point penser que sans cause ils gemissent.
Hecube. Cestui-ci nous dira d'où viennent ces rumeurs.
Priam. Escoutez, il discourt.
Andromache.   Hà Madame je meurs.   2064
Messager.[74] Quel trait d'aspre douleur traverse mon courage!
   Je suis bien malheureux d'apporter le message
   De ton dernier desastre, ô non plus Troye, ainçois
   La proye et le butin de ces maudits Gregeois.   2068
   O bon vieux Roy Priam helas! de quelle oreille
   Pourras-tu recevoir ta perte nompareille?
   O venerable Hecube où fuiront tes esprits,
   En venant à sçavoir que la Parque l'a pris?   2072
   Quelle deviendras-tu miserable Andromache
   Oyant conter sa mort? Peuple Troyen relasche
   Relasche à l'advenir les nerfs de ta vertu:
   Celuy qui l'animoit gist sur terre abbatu.   2076
Hecube. Hà je n'ay plus de fils; ô mere miserable!

2050 tournée   2052 survenu.   2057 dire.   2059 terreur
2064 Escoutez   2067 desastre   2072 pris.   2075 vertu

Priam. Quelle frisson me glace! ô pere lamentable!
Chœur. Andromache Andromache, elle est en pasmoison;
   Retirons la mes sœurs dedans ceste maison.   2080
   Cela vient à propos afin qu'elle n'escoute
   Ce message de mort que tant elle redoute.
Priam. De quel estonnement suis-je à present surpris,
   Que je sens tout d'un coup s'envoler mes esprits!   2084
Messager. Comment est-ce Andromache? En quel poinct on
     l'emporte!
   O trois et quatre fois heureuse d'estre morte
   Ceste sage Princesse, avant que d'avoir sçeu
   Comme son cher espoux a le trépas reçeu.   2088
Hecube. O rapport inhumain dont je me sens frappée!
   Les Grecs tiennent-ils point ceste place occupée,
   Après avoir vaincu son plus ferme rempart
   Qui soupire blessé sa vie en quelque part?   2092
Messager. Que sert de plus nourrir vostre vaine esperance,
   Il est mort cet Hector des Troyens l'asseurance.
Priam. En quel gouffre d'ennuis est mon cœur abismé!
   J'ay donc perdu mon fils, mon Hector bien-aimé,   2096
   Ma gloire, mon support, mon salut et ma joye,
   Qui seul estoit l'espée et le bouclier de Troye?
   Certes, l'estréme dueil dont mon cœur est vaincu,
   Me doit bien reprocher que par trop j'ay vescu.   2100
Hecube. Priam povre Priam, que devon nous plus faire,
   Nous sommes ruinez; pour moy je desespere.
   Avoir mis au tombeau tant de fils valeureux,
   Et puis perdre à la fin le plus grand, le plus preux   2104
   Qui ceignit onc espée! ô douleur immortelle.
   Hector mon cher Hector, mais en vain je t'appelle,
   Tu ne peux plus m'oüir, ton oreille et ton œil
   Sont bouchez maintenant d'un eternel sommeil.   2108
   Je suffoque de peine, et mon ame affoiblie
   Des liens de mon corps peu à peu se délie.
Priam. Messager pour nous voir en ces extrémitez
   Ne laissez de poursuivre et sa mort nous contez.   2112
Messager. Hector avoit chassé les batailles de Grece,
   Qui desja vers leurs naus[75] reprenoient leur adresse;
2097 joye.

Et mesme le plus fort des superbes Gregeois
Honteux se retiroit, sans courage et sans voix,   2116
Blessé dedans la cuisse: innombrables Gensdarmes
Tremblans de froide peur jettoient à bas les armes,
Par la fuite aimans mieux leur salut rechercher,
Que de demeurer ferme et soudain trébucher;   2120
Quand ces mots il envoye aux troupes Phrigiennes.
Courage mes amis, vos haines anciennes
Doivent ici mourir, terminez vos combats
Par la route honteuse ou par le dur trespas   2124
De ces fuyards Gregeois, qui d'une injuste guerre
Jà par deux fois cinq ans ravagent vostre terre.
Envoyon ces mutins sur l'ombreux Acheron
Charger le foible esquif du nautonnier Charon,   2128
Que du nombre pressé contre eux il se courrouce
Et de sa longue perche à l'escart les repousse:
Donnez, frappez, tuez, courageux Citoyens,
Faites vous aujourd'huy connoistre pour Troyens.   2132
Il mit fin de parler; puis d'un courage extréme
Sur le camp d'Achaïe⁷⁶ il s'eslance luy-mesme,
Et de coups redoublez pousse dans le cercueil
Ceux qu'il ne peut chasser de la langue ou de l'œil.   2136
    Comme quand un faucon soustenu de ses aisles
Descouvre le voler des faibles Colombelles,
Qui retournent des champs et coupent seurement
La vague remuant du venteux élement,   2140
Il se laisse tomber sur la bande timide;
La pluspart fuit legere où la crainte la guide,
Proye à d'autres oiseaux, mais celles-là qu'il bat
Et de bec et de mains sur terre il les abat: 2144
Hector fondant de mesme en l'Argolique armee,
On la void sur le champ deçà delà semée;
Mais ceux-là qu'il rencontre au milieu de ses pas,
De trenchant ou d'estoc reçoivent le trespas.   2148
    Jà le fort Diomene⁷⁷ et le vaillant Hippide
Estoient cheus sous les coups de son bras homicide;
Antonoe et Lentée aux tournois signalez
De la clarté celeste il avoit exilez;   2152
Et le brave Stenelle⁷⁸ attaint de son espée

Sentoit cuire une playe en sa cuisse coupée;
Quand le preux Polybete essaye à l'arrester,
Resolu se presente et ses coups veut tenter.   2156
   Alors s'attache entre eux une rude bataille,
Et leur bras sans cesser l'un sur l'autre chamaille.
Hector par tel arrest embrazé de courroux
Se ramasse en soy-mesme et redouble ses coups: 2160
D'autre part Polibete aspire à la vengeance,
Et comme un fier Lion à tous perils s'élance,
Voltige autour d'Hector, le taste à plusieurs fois,
Sonde tous les defauts de son luisant harnois,   2164
Tire aux plus nobles lieux, mais ne se donne garde
Qu'en cet aspre conflit par trop il se hazarde,
Et qu'Hector cependant ne fait que remarquer
Où le coup plus mortel il luy pourra bailler: 2168
Le temps aussi tost pris il sent le coup au ventre,
La part où le nombril dedans soy-mesme r'entre.
A l'instant il chancelle et son corps trébuché
Qui plonge contre bas fait le chesne fourché,   2172
Excitant plus de bruit au heurter de la terre,
Qu'un sappin de montagne abbatu du tonnerre.
Hector d'un œil ravi mesure sa grandeur,[79]
Fait branler son pennache en la claire splendeur   2176
Du casque flamboyant qui gist dessus la terre,
Et veut s'orner le chef de cet astre de guerre.
Le corps estendu mort il taste à plusieurs fois
Pour voir s'il demouroit veuf d'esprit et de voix;   2180
Puis le fait despoüiller par l'un de ses Gendarmes
Du fardeau glorieux des reluisantes armes.
Mais prest à se courber pour enlever l'armet,
Achile survenu derriere luy se met,   2184
Ses mouvemens espie, observe sa démarche;
Et voyant que son corps se voûtoit comme une arche
Panché dessus la terre, aux reins il l'enfonça,
De sorte que le fer jusqu'au cœur traversa.   2188
Hector tourne à l'instant et le frapper essaye;
Mais il sent eschapper son ame par sa playe.
Priam. O desastre! ô malheur que nous tramoient les Cieux!

2178 guerre   2181 ces

O trespas machiné des hommes et des Dieux!   2192
O Grecque trahison! ô desloyales armes!
Falloit-il donc qu'Hector tombast dans les alarmes
Non par un combat juste, ains par le lasche effort
D'un meurtrier inhumain plus perfide que fort?   2196
Junon, soit maintenant ta fureur assouvie![80]
Messager. Ce n'est pas tout Priam, sa rage le convie
  A telle cruauté, puis-je le reciter,
  Ou toy, pere esploré, pourras-tu l'escouter,   2200
  Qu'il perpetre un forfait qui sembleroit horrible
  A tout ce que l'Enfer loge de plus terrible;
  Il insulte au corps mort, et d'un bras furieux
  Le front luy deshonore et luy poche les yeux;   2204
  Voire et n'eust onc fini ces traits sanglans de rage,
  Sans que le preux Memnon s'opose à cet outrage.
Priam. Qu'est devenu l'honneur! les Manes violer![81]
  Sans honte, sans respect un Cadavre fouler!   2208
  Le meurtrir, le derompre et le gaster en sorte
  Que plus d'un corps humain la figure il ne porte!
  Maintenant peux-tu dire, ô lasche cruauté,
  Que tu passes toy-mesme en inhumanité.   2212
    Va meschant, va felon, Thetis n'est point ta mere
  Bien que les flots cruels soient tousjours ton repaire:[82]
  Bien que le vieux Pelé pour son fils t'ait reçeu,
  Dans le cœur d'un Rocher Caucase t'a conçeu;   2216
  Et puis une Tigresse oubliant son engeance,
  De sang plus que de lait te nourrit en l'enfance.
Messager. Comme un torrent bruyant par les champs débordé
  Roule moins ruidement n'en estant point gardé,   2220
  Que si les villageois remparent à l'encontre;
  Lors son flot orgueilleux plus colere se montre,
  Heurte, choque, tempeste et tasche surmonter
  La digue amoncelée où l'on veut l'arrester: 2224
  Achille à nos Troyens paravant redoutable,
  Semble beaucoup plus haut et plus espouventable,
  Depuis que ce grand Chef fort de cœur et de main
  S'offre dessous les coups de son bras inhumain,   2228
  Qui comme un gros marteau sur l'enclume martelle,

2197 Junon   2229 martelle

Refrape incessamment: le Prince ne chancelle
Non plus qu'un haut Rocher profondement planté,
Qui se moque du vent et du flot irrité.   2232
    Nostre Ost qui plus la mort que la honte redoute
Laisse tout cependant, se met à vauderoute,
Et d'un cœur esperdu jette les armes bas,
Pour fuir à la mort qu'il rencontre en ses pas.   2236
L'un gist outrepercé d'une mortelle playe,
L'autre abatu se leve et la fuite r'essaye,
Mais il n'a point marché quatre ou cinq pas avant,
Qu'il rechet sur le dos ou bien sur le devant,   2240
Selon qu'il fut frapé par la main adversaire.
Troye a cedé par tout, et la Grece au contraire
A regagné le champ, et suivi tellement
Qu'il ne reste au combat que Memnon seulement,   2244
Qui contraint par le nombre à tourner le visage
S'en revient plus despit que failli de courage.
    Achille cependant du grand Hector vainqueur,
Mais vaincu de sa rage et de son propre cœur,[83]   2248
Retourne vers le corps estendu sur la place,
Luy fend les deux talons, par ensemble les lace,
Du baudrier qu'il portoit les attache à son char,
Puis à course le traine autour de ce rempar.   2252
Priam. Le tourment infini qui mon ame desole
    M'estraint si fort le cœur qu'il m'oste la parole.
Hecube. O ciel trop rigoureux! ô destins ennemis!
    J'ay perdu mon cher fils, et vous l'avez permis!   2256
Avez porté ce Grec, ce meurtrier infidelle,
Ce poltron assassin, cette beste cruelle!
Et bien, que desormais mon œil voye abismer
L'air flotant en la terre et la terre en la mer;   2260
Que tout se mesle ensemble, et qu'une nuict obscure
Comme au commencement recouvre la nature.
Que me peut-il chaloir de voir le monde entier
Rebroüillé pesle-mesle en son chaos premier,   2264
Puis que mon fils Hector, puis que ma chere Troye
De Pluton et des Grecs sont aujourd'huy la proye.
    O vieillard assailli de toute adversité,

2250 talons /lace

De quel comble de gloire es-tu precipité![84]   2268
Et moy povre, chetive, et douloureuse mere,
A quel poinct me reduit la fortune adversaire,
Cruelle, variable, et ferme seulement
A verser en mon cœur tourment dessus tourment.   2272
Amassez vous Troyens, peuple, soldats, Gensdarmes
Venez mesler vos yeux à mes dernieres larmes,
Soupirez avec moy la commune douleur:
Vostre cœur est de fer s'il ne sent ce malheur.   2276
   O malheureuse Hecube! ô Priam lamentable!
O dolente Andromache! ô peuple miserable.
Las que deviendron nous! Hé quel sort nous attend!
Le preux Hector est mort, rien plus ne nous deffend.   2280
Faison donc d'un accord que la fatale Parque
Nous charge quand et luy dans l'infernale barque,
Sans attendre les fers des Grecs injurieux;
Car puis qu'il est occis qu'esperon nous de mieux?   2284
Andromache ma fille à bon droit ton silence
Exprime de nos maux la dure violence,
Et puis qu'à ma douleur defaillent les propos,
Je ne me plaindray plus qu'à force de sanglots.   2288
Andromache. Aux regrets à mon tour j'ouvriray le passage.
   C'est trop long temps couvé le dueil dans mon courage;
O soupirs, permettez que je puisse parler,
Et qu'en parlant ma vie eschappe dedans l'air;   2292
En mon cruel malheur certes bien fortunée,
Si je meurs en plaignant ma dure destinée.
   C'est vous ce croy-je, ô Cieux, qu'il me faut accuser,
Avec quelle equité pouviez-vous mespriser   2296
Tant de vœux si bruslans, tant de chaudes prieres
Dont j'invoquoy sur nous vos faveurs coustumieres?
Non, je n'ignore point qu'Andromache ne vaut,
Que pour la contenter on s'esmeuve là haut: 2300
Mais Hector, cet Hector, que ses qualitez rares
Ont si bien fait connoistre aux Nations barbares;
Ceste illustre bonté, ce courage parfait
Devoient vos durs destins ployer à mon souhait.   2304

2302 barbares   2303 bonté;

Inutile vertu, tu n'es rien qu'une Idole,
Qu'un vent d'opinion, et qu'un son de parole!
O mortels ignorans! esperez desormais
Que les Dieux aux meilleurs ne manqueront jamais,   2308
Après la mort d'Hector, qui brusloit au courage
De l'amour de la gloire: un homme plain de rage,
Mais bien plustost un Tigre, a sans aucun effort
Vaincu son vainqueur propre, et le tourmente mort.   2312
   Quelle nouvelle horreur! Je frissonne, je tremble;
De l'œil de mon esprit je te voy ce me semble,
Je te voy, cher espoux, les jambes contre mont,
Et le chef contre bas, saillant de bond en bond,   2316
Selon que les coursiers joints au timon d'Achile,
Font autour de nos murs voler leur course agile.
   O dueil desesperé, qui me troubles le sens!
O desespoir dolent auquel je me consens,   2320
Arrivez à tel poinct qu'en l'effort du martire
J'espande dans les vents l'esprit que je respire,
Afin qu'avec Hector j'aille accuser là bas
L'insolence Gregeoise, et ses cruels esbats.   2324
   Hector unique autheur de ma tristesse extréme,
Fut-ce pas me tuer aussi bien que toy-mesme
D'aveugler ton esprit au présage evident
Qui peignoit en mon cœur ce mortel accident?   2328
Hà je m'attendoy bien que nostre destinée
Iroit par ceste voye à sa fin ordonnée!
   Si toy-mesme voulois t'avancer le trespas,
Lassé d'ame et de corps pour tant de longs combats   2332
Livrez depuis dix ans au front de nos murailles;
Si tu voulois mourir au milieu des batailles,
Non dans un riche lict, de courtines tendu,
Et bien, tu le pouvois: mais de m'avoir perdu,   2336
D'avoir perdu ta ville et ton propre lignage,
Qui te regardoit seul en ce funeste orage,
Comme dois-je nommer une si grande erreur?
Hector, est-ce un forfait, ou bien une fureur?   2340
Si les noms de patrie et de pere et de mere,
D'allié, de parent, d'ami, de sœur, de frere,
Comme Idoles sans corps, estoient vains noms pour toy,

Devois tu point penser de ton fils et de moy?   2344
   Hà povre miserable où la douleur t'emporte!
Son cœur brusloit pour nous d'affection si forte,
Que mettant en arriere et repas, et repos,
Sans cesse il s'exposoit aux prises d'Atropos,   2348
Qui pour le renverser eut recours à ces armes
Dont le Grec infidele estonne les alarmes.
   O coüard ennemy du plus brave Guerrier,
Qui jamais sur la teste ait porté le Laurier,   2352
Sans ceste intelligence il estoit indontable;
Son bras l'avoit prouvé par sa force incroyable:
Qui comme un foudre ardent a rompu maintesfois
Les puissans bataillons des obstinez Gregeois: 2356
Mais ton injuste fraude en embusche cachée,
Par un coup non preveu sa vie a retranchée;
Ce bras qui sans combat l'a sur terre abbatu,
Ne pouvant autrement surmonter sa vertu.   2360
   Dieux! si vous punissez les meschans de leur vice,
Laschez en vos fureurs quelques traits de Justice,
"Pour apprendre aux mortels, que tousjours le forfait
"Retombe sur le chef de celuy qui l'a fait.   2364
Mais hastez s'il vous plaist vos vengeances tardives,
Afin que je descende aux infernales rives
En porter la nouvelle à l'Esprit glorieux
Qui se plaint de ce traistre et peut estre des Cieux.   2368
   Cependant que j'atten ceste grace derniere,
O mes yeux, respandez une double riviere
Pour pleurer vostre Hector mon malheur et mon bien,
Mon aise et mon tourment, dont ne me reste rien   2372
Que le desir pressant d'aller trouver son ombre,
Qui des Heros deffunts croist maintenant le nombre.
Chœur.[85] Par la dextre d'Hector Troye a resté debout:
Par sa mort malheureuse elle tombe du tout.   2376
Il faut bien qu'elle soit de nos larmes suivie;
En elle nous perdons la victoire et la vie.
   "Que le bon-heur publique est foible et vacillant,
"S'il dépend de la main d'un seul homme vaillant,   2380
"Qui s'offre à tous hazards sans crainte de la Parque.
"Mortels voyez ici que pour estre Monarque,

"Empereur, Capitaine, on ne vit pas plus seur
"De tromper les ciseaux de la fatale sœur,   2384
"Qui sans aucun respect en la tombe devale
"La houlette champestre et la verge Royale.

TRAGEDIE DE LA REINE D'ESCOSSE

ENTREPARLEURS

La Reine d'Angleterre
La Reine d'Escosse
Conseiller
Davison
Maistre d'Hostel
Page
Messager
Chœur des Estats
Chœur des Suivantes
   de la Reine d'Escosse

There is no list of 'Entreparleurs' in the 1604 edition.

ACTE I

Reine d'Angleterre. Conseiller[1]

Reine. Enfin jusques à quand mon ame desolée
  D'effroyables sursauts doit-elle estre esbranlée?
  Jusques à quand vivray-je exposée au danger
  Du poison domestique et du glaive estranger?[2]   4
  "Un corps sous le Soleil n'a jamais plus d'une ombre;
  "Mais tant et tant de maux qu'ils surpassent tout nombre,
  "Accompagnent le Sceptre, envié des humains,
  "Lourd fardeau toutesfois de l'esprit et des mains   8
  "Qui croist de jour en jour, puis à la fin accable
  "Son possesseur superbe encor que miserable.
    Bien qu'un monde de gens me respecte à l'envi,
  Me regarde marcher d'œil et d'esprit ravi: 12
  Bien que cent Nations admirent mes richesses,
  M'eslevent plus d'un rang sur les autres Princesses;
  J'estime quant à moy malheureux mon bon-heur,
  Qui prend pour les seduire un vain masque d'honneur.   16
  Le glaive de Damocle appendu sur ma teste

Menace de la cheute, et moins que rien l'arreste:
L'Espagnol non content de son monde nouveau
Veut son trosne orgueilleux planter sur mon tombeau:[3]   20
Où la force ne vaut l'artifice il employe,
Pour remettre ma vie et mon Estat en proye:
Ce Pyrrhe ambitieux, dont la toile est sans bout
Embrasse tout d'espoir, aspire à gagner tout,   24
De la fin d'un dessein un autre fait renaistre:
Des deux bouts de la terre on le connoist pour maistre:
Encor' sa convoitise il ne peut assouvir,
S'il ne vient, ô forfait! ceste Isle me ravir;   28
Et sans la main d'enhaut qui m'est tousjours propice,
L'innocence auroit veu triompher la malice.
Ma Tamise l'honneur de nos fleuves plus beaux
Rouleroit pour luy seul ses tributaires eaux;   32
Et mon peuple Guerrier en armes indontable
Porteroit gemissant son joug insupportable.
Mais à quoy desormais me reserve le sort?
Lors que moins je me doute, on me brasse la mort.   36
Une Reine exilée, errante, fugitive,
Se degageant des siens qui la tenoient captive,
Vint surgir à nos bords contre sa volonté:[4]
Car son cours malheureux tendoit d'autre costé.   40
Je l'ay bien voirement dés ce temps arrestée,
Mais, hors la liberté, Royalement traitée;
Et voulant mille fois sa chaine relascher,
Je ne sçay quel destin est venue m'empescher.   44
Chacun par mon exemple à l'advenir regarde,
"Qu'une beauté Royale est de mauvaise garde.[5]
    Quoy que de sa prison l'ennuyeuse longueur
Peust un juste courroux allumer en son cœur;   48
Par mon doux traitement elle devoit l'esteindre,
Se plaignant en son mal de ne s'en pouvoir plaindre:
Mais l'on m'a rapporté qu'en ce dernier effort,
Elle brigue mon Sceptre, et minute ma mort.   52
Seroit ce donc l'amour, Ame ingrate et legere,
Que me juroit sans fin ta bouche mensongere?
Auray je ce loyer non deu, non attendu,

31 M'a   40 costé

D'une à qui tant de bien, pour le mal j'ay rendu? 56
   Mais doy je tenir vraye une simple apparence,
Et former un soupçon en certaine creance?
"Qui croit trop de leger aisément se deçoit:
"Aussi qui ne croit rien mainte perte en reçoit. 60
"Qui s'esmeut à tous vents, montre trop d'inconstance:
"Aussi la seureté naist de la meffiance.
"Celuy qui vit ainsi, meurt cent fois sans mourir;[6]
"Il vaut mieux craindre un peu que la mort encourir. 64
   Si donc pour asseurer mon Estat et ma vie,
Je l'ay, mesme à regret, quelque temps asservie,
Ne cherchant point sa mort, ains taschant seulement
A dompter son audace et vivre asseurément, 68
Faut il qu'une fureur à l'autre la transporte,
Et qu'à me courir sus tout le monde elle exhorte?
Que contre moy les miens elle tasche animer,
Qu'elle excite mon peuple, et s'efforce à l'armer, 72
Bref que par ses attraits maint qui m'estoit fidele
Distrait de son devoir s'engage à sa cordele?
   O cœur trop inhumain pour si douce beauté,
Puis que tu peux couver tant de desloyauté, 76
D'envie et de despit, de fureur et d'audace,
Pourquoy tant de douceur fais tu lire en ta face?
Tes yeux qui tous les cœurs prennent à leurs appas,
Sans en estre troublez verront-ils mon trespas? 80
Ces beaux Astres luisans au ciel de ton visage,
De ma funeste mort seront-ils le présage?
N'auras-tu point le cœur touché d'affliction
Voyant ceste belle Isle en desolation, 84
En proye à la discorde en guerres allumée,
Au meurtre de ses fils par ses fils animée?
Verras-tu sans douleur les soldats enragez
Massacrer à leurs pieds les vieillards outragez, 88
Egorger les enfants presence de leurs peres,[7]
Les pucelles forcer au giron de leurs meres,
Et les fleuves encor regorger sur leurs bords
Par les pleurs des vivans et par le sang des morts? 92
Si ceste volonté barbarement cruelle

74 cordele.

Peut tomber en l'esprit d'une Reine si belle,
Si le cœur d'une femme ayant la mort au sein,
Ose encor' concevoir ce furieux dessein;   96
Je croiray desormais que les Ourses cruelles
Dépoüillent les fureurs qui leur sont naturelles;
Et que la femme née à la benignité
Environne son cœur d'une aspre cruauté.   100
Conseiller. Le masque est jà levé, la chose est trop connuë:
L'œil qui ne la void point est voilé d'une nuë;
L'esprit qui ne la croid soy-mesmes se dément;
Le cœur qui ne la craint n'a point de sentiment;   104
Il s'endort miserable, et l'orage tempeste
Qui doit à l'impourveu fondre dessus sa teste.
Il ne faut plus Madame en demeurer ici;
Embrassez de vous mesme et de nous le souci: 108
Car si le bien public doit estre vostre envie,
Il faut aussi pour luy conserver vostre vie.
Ainsi pourrez vous rendre esteins plustost que nés
Les barbares desseins de ces fiers Basanés;[8]   112
Ainsi vous nous pouvez apporter asseurance,
A l'Escosse dommage, et terreur à la France;
Là où si vous mourez c'est le souhait des Rois,
La fin de nostre Foy, le tombeau de nos loix.   116
Et comme le troupeau despourveu de son maistre
Qui pense en seureté dans l'herbage se paistre
Est exposé en proye à la fureur des loups;
Un semblable danger tomberoit dessus nous,   120
Si la Parque cruelle avoit coupé la trame,
Qui joint pour nostre bien vostre corps et vostre ame:
"Lors que de factions l'Estat est divisé,
"Tousjours le plus meschant est plus authorisé;   124
"Le desordre a la voix, la licence effrenée
"Aux enormes pechez rend l'ame abandonnée;
"Tout est indifferent et profane et sacré,
"Le mal fait est sans peine et le bien-fait sans gré.   128
Madame je vous pri' de remettre en memoire,
Que tous les Roys du monde envient vostre gloire;
Que chacun vous en veut, que l'orgueil estranger
Vous trame incessament quelque nouveau danger,   132

Recherche tous moyens de vous ravir la vie,
Vostre mort seule estant le but de son envie.
L'effort de l'Espagnol mille fois retenté,
Fait voir assez à clair son infidelité;   136
Et s'il n'a satisfait à son traistre courage,
C'est faute de bonheur et non faute de rage;
C'est que le Ciel benin veille tousjours pour vous,
D'autant qu'en vostre bien gist le salut de tous.   140
Reine. Je sçay bien mon amy qu'ores les destinées
Des Anglois, semblent estre à ma vie enchainées;
Que plusieurs par ma mort du devoir divertis
Auroient bien tost esclos cent Monstres de Partis;   144
Que comme la Vipere est de son fruit rongée,
L'Angleterre seroit des siens mesmes mangée.[9]
Songeant à tel malheur je souffre cent tourmens,
Et d'une seule peur j'ay mille estonnemens: 148
Mais ceste noire humeur qui mon ame possede,
Ne me permet jamais de songer au remede,
Semblable au Patient qui languit sans mourir,
Et ne peut malheureux sa douleur secourir.   152
Conseiller. Sortez vous de ce trouble, il n'est rien plus facile.
Maintenant que le Ciel est serain et tranquile,
Que la mer est bonnace et le vent bien tourné,
Mettez la voile au mast;[10] c'est par trop sejourné: 156
Car lors qu'à ce beau temps succedera l'orage,
Démarer seulement c'est chercher le naufrage.
"Tel peut en temps de paix sa vengeance exercer
"Qui s'endort en son aise et ne veut y penser;   160
"Puis quand la guerre vient est contraint de le faire,
Trouvant pour son salut, juste, le necessaire.
Reine. A quoy me resoudray je en ces confusions?
Conseiller. Tranchez en un seul chef l'Hydre des factions.[11] 164
Reine. Pour frapper ce grand coup il faut un bras d'Alcide.
Conseiller. On peut sans grand peril, occire une homicide.[12]
Reine. Combien qu'elle fust telle, elle est hors de nos loix:
"De Dieu tiennent sans plus les Reines et les Rois.[13]   168
Conseiller. "C'est pieté d'occire une femme meschante
"Aussi bien qu'un Tyran: de tous deux on se vante.
Reine. Considerez la bien; elle est mere d'un Roy,

L'espouse de deux Roys, et Reine comme moy.[14]   172
Conseiller. Considerez la bien; c'est une desloyale:
   Qui dément par ses mœurs la majesté Royale.
Reine. Mon interest privé m'empesche d'en juger.
Conseiller. Et ce mesme interest vous semond d'y songer.   176
Reine. J'y voy plus de peril alors que plus j'y pense.
Conseiller. Vous pouvez l'amoindrir en vengeant vostre offense.
Reine. Ceste juste vengeance il faut laisser à Dieu.
Conseiller. Dieu la remet en vous, qu'il a mise en son lieu.   180
Reine. Si le Ciel est pour moy la terre m'est contraire.
Conseiller. "Si le Ciel est pour vous rien ne vous peut mal faire.[15]
Reine. "Ses secrets sont profonds, et l'humain jugement
   "Proposant d'une sorte il dispose autrement.   184
Conseiller. "Puis que le Ciel est juste il ne peut luy déplaire,
   "Que la Justice rende aux meschans leur salaire.
Reine. Non non, quelque vengeur sortiroit de ses os,
   Qui m'osteroit la vie et à vous le repos.   188
   "Les Roys qui font mourir ceux qui leur sont contraires,
   "Pensant les amoindrir, croissent leurs adversaires;
   "Les parens, les voisins, les enfans, les amis,
   "Revivent pour ceux là qu'au sepulchre ils ont mis: 192
   "L'arbre rejette ainsi mainte nouvelle branche
   "Au lieu des vieux rameaux que le fer en retranche.
Conseiller. "Mais en telle saison l'arbre peut se trancher
   "Que jusqu'à la racine on le void dessecher.   196
Reine. Ce remede est jugé pire que le mal mesme.
Conseiller. "Mais aux extrémes maux, il est tousjours extréme.
Reine. "Supporter une injure est quelquefois meilleur
   "Que d'en chercher revanche, et trouver son malheur.   200
Conseiller. "Si vaut-il tousjours mieux se vanger de l'injure,
   "Qu'en attirer mainte autre à cause qu'on l'endure.
Reine. "En deux perils du moindre on fait élection.
Conseiller. "Mais il en faut juger sans nulle passion.   204
Reine. "Si nous l'executon, nous irritons la France.
Conseiller. La laissant vivre aussi quelle est vostre asseurance?
Reine. Nous pouvon l'accuser mais non pas la punir.
Conseiller. Puis qu'elle est en vos mains qui vous en peut tenir?   208

174 Royale   199 meilleur.

Reine. Maint peuple sous ceste ombre envahiroit ma terre.
Conseiller. A qui la paix la paix. La guerre à qui la guerre.
Reine. Les Roys la pleureront, j'auray seule le tort.
Conseiller. Ils ne pourront aumoins rire de vostre mort.   212
Reine. Pour l'injure commune ils armeront leur destre.
Conseiller. "Plus d'effroy que de mal le tonnerre fait naistre.
    "Lors qu'un grand se chastie il s'esmeut bien du bruit,
    "Après le coup frappé peu d'effet s'en ensuit.   216
Reine. "Le sacré sang des Roys doit estre inviolable.
Conseiller. Elle devoit du vostre estimer le semblable.
Reine. Nul ne croira qu'elle aye à ma vie entrepris!
Conseiller. Encor' le vaut-il mieux que d'en estre surpris.   220
Reine. "Les Ligues sont tousjours obscurement connuës,
    "Tant qu'à l'effet sanglant elles soient parvenuës.
Conseiller. "Mais telle connoissance arrive un peu bien tard;
    "Car on est cependant trop sujet au hazard.   224
Reine. "Je tien qu'il vaudroit mieux abandonner la vie
    "Que pour la conserver s'aquerir de l'envie.
Conseiller. "Le Prince a peu de cœur s'il ne peut endurer
    "Ceux qui ne peuvent rien outre le murmurer.   228
Reine. La Clemence le gagne, il convient que j'essaye
    Si par doux appareils je puis souder la playe;
    Je veux encor un coup ceste voye esprouver:
    Car la pouvant bien perdre et la voulant sauver,   232
    Aumoins l'on connoistra que j'ay l'ame si bonne
    Que je veux tout sauver et ne perdre personne.
Conseiller. Gardez en la gardant de perdre vous et nous.
Reine. J'ay peu de soin pour moy, mais j'en auray de vous.   236
Conseiller. Ce n'est rien de le dire, il en faut apparoistre.
Reine. Voulans oster le mal gardon bien de l'accroistre.
Conseiller. Sans employer le fer on ne le peut guarir.
Reine. Si ne le faut-il mettre à la faire mourir.   240
Conseiller. Quoy? vostre ame au pardon laschement s'abandonne?
Reine. "Quand la douceur nous sert je la juge estre bonne.
Conseiller. "L'homme doux au meschant est inhumain au bon.
Reine. "Le meschant quelquefois se vainc par le pardon: 244
    "Mais qui veut par le sang cimenter sa fortune,

219 entrepris?

"Meurt tousjours à la fin d'une mort non commune.
Conseiller. "Celle qu'on ne craint point ou qui pardonne tout
   "Acheve son chemin avant que d'estre au bout.   248
Reine. "La peur qui n'a pouvoir que sur l'ame coüarde
   "Des Royaumes puissans est une foible garde.
Conseiller. "L'impunité du vice a causé maintesfois
   "La ruine et la mort du Royaume et des Rois.   252
Reine. "La trop grande rigueur jamais ne va sans haine.
Conseiller. "Et la facilité des mespris nous ameine.
Reine. D'estre aimée entre vous j'ai beaucoup eu de soin.
Conseiller. D'y estre crainte aussi vous aviez bon besoin.   256
Reine. "L'amour de nos subjets qu'engendre la Clemence,
   "Cent fois plus que leur crainte apporte d'asseurance.
Conseiller. "L'amour de vos subjets vous doit donc esmouvoir
   "A fermer l'œil à tout fors à vostre devoir.   260
Reine. Je le veux faire aussi, mais sans estre cruelle:
   "La douceur en la femme est vertu naturelle.
Conseiller. Ce n'est point cruauté que d'ordonner la mort
   A celle qui taschoit vous la donner à tort.   264
Reine. "C'est un bien grand honneur de remettre l'offence,
   "Quand on a le pouvoir d'en prendre la vengeance.
Conseiller. "Si l'œil peut penetrer jusques dans le penser,
   "Punissez bien plustost qui songe d'offencer.   268
Reine. "Qui pardonne à l'autruy pour l'amour de soy-mesme,
   "Se connoissant fautif merite un los extréme.
Conseiller. "Mais souvent il se livre en proye à l'estranger,
   "Lors que de ses subjets il ne s'oze vanger.   272
Reine. "Des Avettes le Roy porte en sa republique
   "Un poignant aguillon et si jamais ne pique.
Conseiller. "Aussi contre les bons vous n'en devez avoir;
   "Mais contre les meschans qui forcent le devoir.   276
Reine. "Le Prince trop severe est taxé d'injustice.
Conseiller. "Le Prince trop benin se rend fauteur du vice.
Reine. Pecher en la Clemence est tousjours le meilleur.
Conseiller. L'un aussi bien que l'autre est cause de malheur. 280
   "L'excés et le defaut font des erreurs notables
   "En matieres d'Estat, peu ou point reparables.
Reine. Je veux donc à ce coup un entre-deux choisir
   Utile à mes subjets, et propre à mon desir.   284

Conseiller. Madame, avisez bien, pensant estre en la voye
    Gardez que vostre pied maintenant ne fourvoye:
    "Tel s'égare souvent qui pensoit bien aller.
    En ce chemin glissant venant à vaciller,   288
    Vous verriez (ô bon Dieu destournez ces présages)
    Ruiner les Chasteaux, fourrager les villages,
    Ravager les Citez, les flottes abismer,
    Et le sang à torrens fuir dedans la mer;   292
    Que di-je, vous verriez? possible vostre veuë
    Cacheroit sa clarté d'une mortelle nuë,
    Et parmi tant de maux vous resteroit ce bien
    De ne les pouvoir voir et de n'en sentir rien.   296
    Heureux qui dormiroit en la tombe poudreuse,
    Pour ne languir captif sous une grotte ombreuse,
    Où tout vif enterré comme dans un tombeau
    En vain Phœbus pour luy resortiroit de l'eau.   300
Reine. Et bien, pour empescher qu'une telle tempeste
    N'enveloppe avec vous mon incoulpable teste,
    En prison plus estroite il la faut enfermer;[16]
    Je le fais par contrainte, on ne m'en peut blasmer.   304
Conseiller. Pour vous bien delivrer de ceste prisonniere,
    Vous tenterez en vain la façon coustumiere:
    Rechargez de cent fers ses jambes et ses mains,
    Vous la rendrez tousjours plus aspre en ses dessains,   308
    Et s'elle peut un coup eschaper de la chaine,
    Elle se plaira lors à faire l'inhumaine,
    Mille maux, mille morts elle suscitera;
    Le souvenir des fers sa rage augmentera,   312
    Et sa propre fureur se rendra plus felonne.
    Ainsi voit-on le Tigre ou la rousse Lionne
    Retenus pour un temps dans la cage enfermez,
    S'ils gagnent la campagne estre plus animez,   316
    Faire plus de degast, de meurtres, de carnages,
    Que ceux qui sont nourris dans les deserts sauvages.
Reine. Nous pouvon l'adoucir en luy faisant merci,
    Encor qu'elle eust le cœur d'un Rocher endurci,   320
    Et que du mont Caucase elle prist sa naissance;[17]
    Aussi seroit-ce alors de ma seule Clemence

285 bien   286 fourvoye

Qu'elle obtiendroit la vie avec la liberté
Que perdre par sa faute elle avoit merité.   324
Conseiller. Son courage perfide est si fier de nature
Que ces rares bien-faits luy seroient une injure.
"Je connois son humeur. D'un ingrat obligé
"Que peut-on esperer que d'en estre outragé?   328
Chœur. Heureux le siecle d'or[18] où sans avoir envie
      "De monter à l'honneur,
   "L'homme sentoit couler tous les jours de sa vie
      "En un égal bon-heur.   332
   "Il n'estoit affligé de crainte et d'esperance,
      "Ni meu d'ambition;
   "Son corps plain de vigueur estoit franc de souffrance,
      "Son cœur sans passion.   336
   "Il ne desiroit point voir sa vie estimée
      "Au prix de ses travaux;
   "Ni pour un peu de gloire, agreable fumée,
      "N'enduroit mille maux.   340
   "Il repaissoit des fruits que la terre benine
      "De soy-mesme apportoit;
   "Et tout plat estendu sur une eau christaline,
      "Sa soif il contentoit.   344
   "Libre il se promenoit és forests verdoyantes
      "De son plaisir conduit,
   "Et n'habitoit encor' les places resonnantes
      "D'un populaire bruit.   348
   "Il reposoit l'Esté dessous un frais ombrage
      "S'il se trouvoit lassé,
   "Et sommeilloit la nuict dans un antre sauvage
      "De mousse tapissé.   352
   "Là sans estre touché des vains soucis du monde
      "A son aise il dormoit;
   "Le chagrin ni l'envie en mille maux feconde
      "Son cœur ne consommoit.   356
   "Qui ne prefereroit l'heur de ces douces choses
      "A la pompe des Roys;
   "Qui ne souhaiteroit cueillir ainsi les roses
      "Sans se piquer les doigts?   360
   "L'ardente ambition qui les Princes transporte

"Trouble leur jugement;
"La gloire plus de mal que de bien leur apporte;
    "Leur aise est un tourment.   364
"Leur repos s'establit au milieu de la peine;
    "Leur jour se change en nuict:
"Leur plus haute grandeur n'est qu'une Idole vaine,
    "Qui le peuple seduit.   368
"Leur Estat n'a rien seur que son incertitude;
    "En moins d'un tourne-main
"On void leur liberté tomber en servitude,
    "Et leur gloire en dédain.   372
"Encores que chacun les prise et les honore,
    "Ils n'en sont plus contens:
"Car le ver du souci sourdement les devore
    "Parmi leurs passetemps.   376
J'estime bien-heureux qui peut passer son âge
    Franc de peur et de soin,
Et qui tous ses desirs borne dans son village,
    Sans aspirer plus loin.   380

ACTE II

Chœur des Estats.[19] *Reine d'Angleterre*

Chœur. O l'honneur souverain des Dames Souveraines
    Qui feras desormais benir le joug des Reines,
    Daigne baisser tes yeux d'esclairs environnez
    Sur tes humbles subjets devant toy prosternez,   384
    Qui viennent par ma voix te sommer de promesse,
    Asseurez en leur cœur, que toy grande Princesse
    Qui mesme à tes haineux de parole ne faux,
    N'en manqueras jamais à tes peuples loyaux;   388
    Ains que tu permettras que la juste sentence
    Donnee en plain Conseil en ta sainte presence
    Contre ceste Princesse, aye son libre cours,
    Puis que les factions renaissent tous les jours.   392
        C'est le desir de tous; le bien de la patrie,
    Que seul tu dois chercher maintenant t'y convie;
    Tes Estats assemblez en sont là resolus,
    Et ton peuple devot ne souhaite rien plus.   396

Il n'est temps qu'au pardon ta bonté se hazarde,
Garde ta Majesté afin qu'elle nous garde;
Ce que tu ne peux faire en voulant que les loix
Espargnent celle-ci pour toucher à nos Rois.   400
Souffre que l'Angleterre en ma parole jure,
Que par ta seule mort plus de perte elle endure
Qu'elle n'aquist jamais par ces preux Chevaliers
Qui dans le champ des Lis planterent leurs Lauriers.[20]   404
Ils moururent suivans une frivole Guerre
Et toy plus charitable envers ta propre terre
La pourras garantir de tout nuisible effort
Si tu trompes un coup les pieges de la mort.   408
Mais en l'abandonnant à ce cruel orage,
Son Estat est pour faire un si piteux naufrage
Qu'aucun n'ayant moyen d'en ramasser le bris,
Sa gloire et son honneur tomberont en mespris: 412
Celle qui fut jadis en armes si prisée,
A ceux qu'elle a vaincus servira de risée;
Ceux qui trembloient de peur voyant ses estendars,
Accourront l'assaillir, bandez de toutes pars.   416
    Portant donques le front peint d'une couleur blesme,
Et craignant plus pour toy que non pas pour soy-mesme,
Imagine la voir, et te dire ces mots
Tranchez de longs soupirs et de tristes sanglots: 420
Fille que j'enfantay pour me servir de mere,
Reine chere à mon cœur, à mon bien necessaire,
Pren garde à ton salut, et si ce n'est pour toy,
Soit aumoins pour les tiens, pour les miens, et pour moy: 424
Si de mourir pour nous jamais te prist envie,
Conserve aussi pour nous le reste de ta vie.
"La Dame est bien-heureuse à qui les Cieux amis
"Par une grand' faveur ont tant de bien permis   428
"Qu'elle vive une vie au public profitable,
"Agreable à chacun, à soy-mesme honorable.
Reine. "O combien malheureuse est l'humaine grandeur,
"Quoy qu'elle esclate aux yeux d'une belle splendeur,   432
"Si des malheureux mesme il faut qu'elle se garde;
"Car que ne peut la main qui sans peur se hazarde?

417 blesme;   420 sanglots;   434 hazarde.

"Qui présage un orage au port se va ranger;
"Qui prevoit le danger doit pourvoir au danger: 436
Aussi veux-je asseurer mon Estat et ma vie,
Comme le bien publique et le mien m'y convie.
Moy qui voudrois me perdre afin de vous sauver,
Pour ne vous perdre pas me dois bien conserver.   440
La cause est raisonnable et prudente est la crainte
De ce peril voisin, dont vous doutez l'attainte:
Car il semble à peu pres qu'en moÿ seule est compris
Tout l'espoir du repos qui nourrit vos esprits.   444
Mais vous n'ignorez point que ceste belle Reine,
En qui nous offençon la grandeur Souveraine
Par trop injustement la tenir en prison,
De chercher sa franchise a bien quelque raison;   448
Encores que peut estre il nous soit dommageable
D'eslargir une Dame en beautez admirable,
Feconde en artifice et faconde en discours,[21]
Et qui sert de Soleil aux Astres de deux Courts.   452
Je ne veux point ici m'informer d'avantage
S'elle me veut du mal; je scay bien son courage.
A dire vray, sa vie importe à nostre Estat
Mais la faire mourir c'est un grand attentat.   456
Chœur. Plusieurs jours sont passez que nous l'y destinasmes
    S'elle ourdissoit encor d'autres nouvelles trames.[22]
Reine. "Le temps au sage esprit sert par fois de raison,
    "La volonté se tourne avecques la saison;   460
    "Et le Pilote seul est digne de loüange,
    "Qui peut tendre la voile ainsi que le vent change.
Chœur. "Quand un dessein est pris il ne le faut changer,
    "Si par ne le point faire on se met en danger.   464
Reine. Estant bien convaincuë elle est mal condamnée.
Chœur. Au peché non au rang la peine soit donnée.
Reine. Je veux encor surseoir ceste execution.
Chœur. Gardez vous d'avancer nostre perdition.   468
Reine. Que peut plus, je vous prie, une femme enchainée?
Chœur. "Que ne peut une femme à mal faire adonnée!
Reine. Trop tard après sa mort viendra le repentir.
Chœur. Trop libre en peu de jours vous la pourrez sentir.   472

454 mal   459 raison   469 plus je vous prie une femme enchainée.

Reine. Sa mine est esventée à son propre dommage.
Chœur. "Encor le marinier vogue après le naufrage.
Reine. S'elle ose l'entreprendre il faudra la punir.
Chœur. Vous estes à ce poinct pour n'y plus revenir.   476
    Voyez l'esclat brillant des cuirasses Françoises,
    Escoutez les tambours des bandes Escossoises,
    Et les pifres d'Espagne; aujourd'huy son danger
    Suscite tout le monde, et pour la dégager   480
    On va couvrir la mer de voiles et de rames,[23]
    Emplir nos riches ports et de fer et de flames.
    Cependant parmi nous ce tison consommant
    Ira de tous costez les Ligues allumant,   484
    Et la peste mortelle enclose en nos mouelles
    Causera plus de mal que les guerres cruelles:
    Ou voulant seulement consentir à sa mort,
    Vous pouvez dés le bers suffoquer cet effort;   488
    Et par un peu de sang l'embrasement esteindre,
    Qui tant plus rampe avant est davantage à craindre.
Reine. Bien, faites mes amis comme vous l'entendez,
    De ma part vos desseins ne seront retardez;   492
    En toutes les deux parts mesme raison je trouve
    Comme mesme peril; ainsi je n'en approuve,
    Et n'en reprouve rien: mais soyez advertis
    D'aviser bien encor' au meilleur des partis.[24]   496
Chœur. Le Ciel vueille benir nostre haute entreprise;
    A ce notable effet la terre favorise;
    Soit le Demon Anglois des autres le vainqueur,
    Aussi bien par nos mains comme par nostre cœur.   500
    Dieu vueille sur ton chef asseurer la couronne,
    Le Sceptre dans ta main, et que l'ire felonne
    Des peuples conjurez pour le rendre abbatu,
    Cede finablement à l'heur de sa vertu: 504
    Afin qu'à l'advenir l'image de sa gloire
    Vole sur les autels du temple de Memoire.[25]
Reine. Quoy! que pour contenter ce conseil obstiné,
    L'on meine ceste Reine au supplice ordonné?   508
    Veux-je bien le vouloir? Le puis-je bien permettre?
    Que ne pourra donc plus l'audace se promettre?

    479 Espagne,   494 n'en reprouve   496 partis   507 Quoy que

Teindre ainsi l'eschaffaut du sacré sang des Rois?
Je pourroy le mien mesme y verser quelquefois: 512
"Car qui force le droit des Gens et de Nature,
"Ce qu'il fait à tout autre en soy mesme l'endure.
Il faut bien empescher que mon bruit renommé
Soit d'acte si barbare à jamais diffamé,   516
Je pourray mieux d'ailleurs signaler ma memoire
Que d'une si tragique, et malheureuse histoire:
Pour le vulgaire seul soit levé l'eschaffaut,
Non pour ceux que Dieu monte en un degré si haut.   520
Car que diroient de moy les Nations estranges,
Pourroient-ils sans despit escouter mes louanges
Que la voix du Renom publie en tous endroits?
Veux-je en ceste Princesse outrager tous les Rois?   524
Leur mettre contre moy la fureur au courage?
Le blaspheme dans l'ame? en la bouche l'outrage?
Qui pourroit desormais sans horreur me nommer?
Elle a pris, diroit-on, naissance de la mer;   528
Au bers elle a teté le pis d'une Lionne
Moins rempli de laict doux que de rage felonne;
Bref elle porte bien un estomac de chair,
Mais il recele un cœur de marbre ou de Rocher.   532
Mon sexe qui de moy tire tant d'avantage,
N'en pourroit recevoir que vergoigne et dommage;[26]
On le blasonneroit cruel, vindicatif,
Meschant, double, jaloux, cauteleux, et craintif,   536
Sanguinaire, imposteur, artisan de mensonges,
Inventeur de malice, et controuveur de songes,
Camelcon venteux, sujet au changement,
Prenant toutes couleurs, fors le blanc seulement.   540
     Les femmes que le sceptre a mis[27] sous ma puissance
Ne se tiendroient jamais de dire en mon absence:
O cruel deshonneur de nostre sexe humain!
Tu ne devrois tenir en ta sanglante main   544
Le sacré gouvernal de ceste Isle fameuse
Que ceint de tous costez la grand'mer escumeuse.
Si tu vins sur la terre en un tel ascendant,
Qu'il faille que ta vie y passe en commandant,   548

533 davantage   542 absence   546 Qui

Que n'establissois-tu ta fiere tyrannie
Sur les Lions d'Affrique et Tigres d'Hyrcanie,
Puis que ces animaux en leur plus grand courroux
Au prix de toy barbare ont le courage doux.   552
Pour donques éviter qu'avec de si grands blâmes
Leur babil ne diffame aux estrangeres Dames,
Ces Dames à leurs fils, ces fils à leurs nepveux
Et ces nepveux encor à ceux qui naistront d'eux,   556
Il me faut à ce coup delivrer ceste Reine
Dont tout le monde a plaint la prison et la peine,
Tenant comme ses fers, et libre de ses fers,
Possible elle oublira tous les ennuis soufferts   560
Et le doux souvenir de telle bien-veillance
Ne sortira jamais hors de sa souvenance.
"Ainsi de quelque bien nous devons obliger
"Ceux qui d'un mal reçeu peuvent se revanger: 564
"L'homme bien avisé tousjours s'il se peut faire
"Gagne par courtoisie un puissant adversaire.
Tant de difficultez se viendront presenter
Lors que l'Arrest de mort devra s'executer,   568
Que pour y prendre advis faut prendre une remise;
Je rompray cependant le coup de l'entreprise.
Chœur. Qu'est-ce ô Dieu que de l'homme! une fleur passagere,
"Que la chaleur flestrit ou que le vent fait choir;   572
"Une vaine fumée, une ombre fort legere
"Qui se jouë au matin et passe sur le soir:
    "Un Soleil de la terre assez clair de lumiere,
"Mais que mille brouillats vont sans cesse cachant,   576
"Qui s'esleve au berceau pour tomber en la biere,
"Qui dés son Orient incline à son couchant:
    "Une ampoule venteuse au front de l'onde enflée,
"Mais qui tout à l'instant se refond en son eau;   580
"Une estincelle morte aussi tost que soufflée,
"Mais qu'on ne peut jamais raviver de nouveau.
    "La vie est un air chaud sortant par la narine,
"Qu'un pepin de raisin peut soudain estouffer;   584
"Un vif ruisseau de sang arrosant la poitrine,
"Qui glacé de la mort ne se peut reschauffer.

556 d'eux   558 peine.

"La Lune a un Soleil pour reparer sa perte
"Et remplir son croissant une fois tous les mois;   588
"Mais depuis que la vie est de la mort couverte,
"Elle ne renaist pas en mille ans une fois.

  "Si les arbres l'Hiver perdent leur chevelure
"Le Printemps les revest d'un fueillage plus beau;   592
"Et l'homme ayant perdu sa plaisante verdure,
"Ne doit point esperer de second renouveau.

  "On ne peut rendre aux fleurs leur couleur printenniere
"Lors qu'elles ont senti les chaleurs de l'Esté: 596
"Quand une fois la mort flestrit nostre paupiere,
"Yeux, vous pouvez bien dire: adieu douce clarté.

  "La vie est sans arrest, et si court à son terme
"D'un mouvement si prompt qu'on ne l'apperçoit point,   600
"Là si tost qu'elle arrive elle y demeure ferme;
"Le naistre et le mourir est presque un mesme poinct.

  "Bien certaine est la mort mais la sorte incertaine,
"Qui pourroit du matin juger la fin du jour?   604
"L'on veut bien décoler une Deesse humaine
"Fille de la vertu et mere de l'amour.

ACTE III

Davison. Reine d'Escosse. Chœur[28]

Davison. Qui veut à la grandeur eslever le courage
  "Doit exposer son corps et son ame à l'outrage   608
  "D'un maistre injurieux dont le commandement
  "Est suivi d'une honte ou bien d'un monument.
  "O l'homme possedé d'une manie extréme,
  "Qui s'engage au seigneur et renonce à soy-mesme!   612
  "Qui pour une faveur muable comme vent
  "D'honneur et de repos se prive bien souvent.

  La charge qu'on m'impose est certes bien fascheuse,
  Mais je crains qu'elle soit encor' plus perilleuse: 616
  Je vay fraper un coup mais soudain je le voy,
  Je le voy, malheureux, retomber dessus moy.
  O que d'un corps meurtri renaistront de querelles!

598 Yeux/dire   601 ferme   605 Lon   617 voy

Que d'une mort vivront de douleurs immortelles!   620
Que de sang innocent sera bas espanché
Avant que ceste playe ait le sien estanché!
Ceste Hydre s'accroistra sous les coups de l'espée,
Cent Chefs pululeront d'une teste coupée;   624
Cependant moy chetif dechassé, langoureux,
Je seray mais en vain du trespas desireux,
Tousjours pour mon tourment s'alongera ma vie.
Justement poursuivi de rancune et d'envie,   628
Pour m'estre à ce forfait ainsi tost resolu,
De tous également je seray mal voulu.
Sans cesse il me souvient de la morte de Pompée
Et que de ses meurtriers l'attente fut trompée.[29]   632
Le mastin herissé de rage et de courroux,
Quand un passant le chasse à grands coups de cailloux
Ne regarde le bras qui sur luy se desserre,
Mais son aigre fureur consomme sur la pierre: 636
Sur moy seul tout de mesme on voudra desormais
Prendre vengeance d'elle, et je n'en pourray mais:
Où ceux qui sont auteurs du mal de ceste Reine,
Au milieu de mes pleurs se riront de ma peine.   640
Le sort est bien cruel qui me donne la loy!
Je ne le veux point faire et faire je le doy:
Il faut bien le vouloir; car c'est force forcée;
Tremblant je m'y resous. O ma triste pensée,   644
Esloigne loin de toy ce qui peut t'effrayer:
"Quand la promesse est faite il convient la payer.
Ne restivon donc plus, ne tardon davantage.
Bien, je seray l'autheur de mon propre dommage.   648
Baste, l'on me tiendra pour ma temerité
Fidele executeur d'une infidelité.
Chœur. "Que l'ame a de peine à mal faire!
"Elle sent dix mille combats   652
"Qui la poussent de haut en bas
"Par maint et maint discours contraire:
"Mais las pour considerer tout,
"Elle est tant au vice inclinée,   656
"Que pourtant elle s'y resoult

628 d'envie: 647 plus   649 temerité.

"Par malice ou par destinée.
   "Que sert aux mortels la raison
"Si la passion est si forte   660
"Qu'il faut que la povrette sorte
"Pour la loger en sa maison?
"En vain certes en nos devis
"Reine des hommes on l'appelle,   664
"Puis que par force ou par cautelle
"Ses plus beaux droits luy sont ravis.
   "Cessez pauvres ames humaines
"De plus vanter vos qualitez,   668
"D'un vent d'honneur vous vous flatez
"Mais vous n'en sentez moins les peines:
"Et si par les biens et les maux
"On mesuroit le bien de l'Estre   672
"Les plus stupides animaux
"Plus heureux se font reconnoistre.
   "Un seul poinct vous fait prevaloir
"Qui n'est pas commun à la beste,   676
"C'est quand la vertu vous arreste
"Dedans les termes du devoir
"Sans que l'appetit aveuglé
"Tyran de vostre fantasie   680
"D'un élans plain de frenaisie
"Vous emporte au train déreglé.
   "Mais qui se pourra tant promettre
"Sinon par la faveur d'enhaut: 684
"Sans elle la force defaut,
"Quand le vice nous veut sousmettre,
"Mais ne sçay quoy de plus qu'humain,
"Que le Ciel de grace nous donne   688
"A la vertu nous aguillonne,
"Au vice nous tire le frain.

Reine d'Escosse. De qui me dois-je plaindre! ô ciel, ô mer, ô terre!
   Qui de vous trois me livre une plus aspre guerre?   692
   Depuis que le Soleil alluma son flambeau
   Pour orner de clarté le monde encor nouveau,
   Le sort en son courroux n'a versé tant de peine

676 beste

Sur aucun des mortels non que sur une Reine   696
Comme sur moy chetive et pleine de douleurs;
Seule je suis en bute aux traits de tous malheurs.
Dés le moment fatal de ceste heure premiere
Qui me vit en pleurant saluer la lumiere,[30]   700
Jusques au jour present, jour triste et déploré,
Sans tresve, sans secours j'ay tousjours enduré
Et si j'ay quelquefois senti l'ombre d'un aise
C'estoit pour rendre encor ma douleur plus mauvaise.   704
Mon corps foible et debile estoit gisant au bers,
Où ses pleurs presageoient les maux que j'ay souffers,
Quand mon pays natal divisé de courage,
Comme s'il print plaisir à son propre dommage,   708
Chasse de son esprit toute fidelité,
Pour y substituer une desloyauté.
De nostre antique thrône il debouta ma mere,
Qui par des lieux secrets errante et solitaire,   712
Transportoit mon berceau tousjours baigné de pleurs,
Au lieu d'estre semé de roses et de fleurs,
Comme si dés ce temps la fortune inhumaine
Eust voulu m'allaiter de tristesse et de peine.   716
Cette grande Princesse ornement de ses ans
Me tenant quelquefois en ses bras languissans,
De nos malheurs communs émeuë en son courage,
Du ruisseau de ses yeux me noyoit le visage;   720
Et haussant vers le Ciel le cœur et le sourci,
Soupiroit tendrement et me parloit ainsi.
    O chere part de moy, debile creature,
Je ne sçay quelle bonne ou mauvaise avanture   724
Te garde le destin; car l'œil du plus sçavant
Ne peut dans ses secrets penetrer si avant,
Bien sçay-je seulement que si ta pauvre vie
Du fil qui la commence est tousjours poursuivie,   728
Le Ciel pour demontrer combien peut son malheur,
T'a fait naistre ici bas pour y vivre en douleur.
    Mais, di Ciel inhumain, quel mal ou quelle injure
T'a peu faire au berceau ma pauvre geniture,   732
Qui semble tous les jours à force de pleurer

708 dommage   723 moy

Ta grace pitoyable à nos maux implorer?
Si c'est pour les pechez de la mere dolente,
Que tu punis la fille, elle en est innocente: 736
Espargne-la cruel et plustost dessus moy
Dessus moy miserable espands tout cet esmoy.
   En ces termes ma mere au Ciel fist sa demande;
Mais il s'en alluma d'une fureur plus grande,   740
Elle n'estoit encor au milieu de son cours
Qu'une nuit eternelle obscurcit ses beaux jours
Et redoubla sur moy qui restois orpheline
Les coups de sa colere indontable et maline.   744
A peine avois-je encor' veu neger sept Hivers,
Et sept fois le Printemps prendre ses habits vers,
Que j'abandonnay là ma terre naturelle,
Qui ne m'estoit plus mere, ains marastre infidelle,   748
Et traversant la mer jusques en France vins
Dessous un autre Ciel, chercher d'autres destins.
Là le Roy m'espousa, mais ce haut Mariage
Fut suivi de bien pres d'un funebre veufvage;   752
Il mourut ce bon Prince, et le sort rigoureux
Ne fist que le montrer aux Gaulois malheureux.
O fortune volage, est-ce ainsi que ta rouë
Des Reines et des Rois inconstamment se jouë!   756
   Reconnoissant depuis qu'en cette belle Cour
J'avoy tousjours Eclipse au plus clair de mon jour,
France, la belle France, à tout autre agreable
Ne fut plus à mes yeux qu'un desert effroyable.   760
Je revins voir ma terre où je pensois sans fin
Lamenter tristement mon malheureux destin;
Mais je n'y suis long temps, qu'au milieu de mes plaintes,
Je ressens de plus beau ses fatales attaintes,   764
Et ne voy pas si tost l'une de mes maux faillir,
Qu'un autre plus cruel retourne m'assaillir:
Sur le triste moment qu'au monde je fus née,
Le Ciel à souffrir tout m'avoit bien condamnée!   768
   Mais s'il s'est envers moy declaré rigoureux,
Ne s'est montré plus doux mon païs malheureux;
Ayant laissé glisser dedans la fantasie

734 implorer   757 Cour,

La folle opinion d'une rance heresie;   772
Ayant pour un erreur fardé de nouveauté,
Abreuvé son esprit de la desloyauté;
Il esmeut furieux des querelles civiles,
Il revolte les champs, il mutine les villes,   776
Il conjure ma honte et me recherche à tort,
Croyant qu'à mon espoux j'eusse brassé la mort.[31]
Peux-tu bien cher mary qui maintenant reposes
Au sejour bien-heureux entendre telles choses?   780
Peux-tu voir diffamer ta plus chere moitié
Qui mesme après ta mort vit en ton amitié?
Reloge dans ton corps ceste ame genereuse,
Et par avance sors de la tombe poudreuse,   784
Pour prendre ma deffence en l'accusation,
Qu'intente contre moy ma propre Nation.

    "Cependant je m'enfuy sçachant que l'innocence
"A l'endroit des meschans n'est pas seure deffence,   788
Et m'embarquant sur mer[32] je maudis mille fois
Les destins ennemis, mon Royaume et ses loix.
Mais comme si la mer eust quelque intelligence
Avec la terre ingrate où j'ay reçeu naissance,   792
A peine fus-je entrée en son calme giron
Esmeu dessous ma Nef des seuls coups d'aviron,
Que je vis aussi tost les plaines escumeuses
Faire blanchir l'azur des vagues orgueilleuses,   796
Qui menaçoient aux bords par leur mugissement
Le naufrage à ma Nef gemissante asprement.

    Je single nonobstant, doutant moins la tempeste,
Que le danger des miens qui couroient à ma teste;   800
Aussi pensois-je bien trouver plus de repos
Au fort de la tourmente, au beau milieu des flots,
Qu'entre un peuple agité de felonnie et d'ire
Qui la mort de sa Reine injustement desire.   804

    Le Ciel ne permit pas comme je le voulois,
Que je moüillasse l'ancre au rivage Gaulois,
Où j'esperoy trouver une terre estrangere
Plus que la mienne ingrate à mes cendres legere: 808
Mais comme helas! je fuy ce païs qui me fuit

780 choses   782 amitié.   799 nonobstant   809 je suy

La tourmente s'acroist, le jour se change en nuit,
Les esclairs enflammez qui partent de l'orage,
Comme traits rougissans entre-fendent l'ombrage: 812
L'horreur, le bruit, l'effroy, les sanglots et les cris
Estourdissent l'oreille, et broüillent les esprits;
Tous s'adressent à Dieu durant l'aspre tempeste
Et son oreille est sourde aux vœux de leur requeste;   816
L'air decoche son ire, et plus fort que devant
S'animent les combats des ondes et du vent.
    Tantost gist nostre Nef és gouffres enfonçee;
Tantost haute s'esleve aux estoilles poussee;   820
Puis tantost ballottee en égal contre-pois
Puise le sel flottant par les fentes du bois:
Bref courant à peu pres la derniere fortune,
Une fiere bourrasque à nos vœux importune   824
La vient jetter aux bords des barbares Anglois,
Peuple double et cruel, dont les suprémes loix
Sont les loix de la force et de la tyrannie,
Dont le cœur est couvé de rage et felonnie,   828
Dont l'œil se paist de meurtre et n'a rien de plus cher
Que voir le sang humain sur la terre espancher.[33]
O qu'il me valoit mieux estre bien loin jettée
Au rivage inconnu d'une isle inhabitée,   832
Ou dans l'onde escumeuse esteindre mon flambeau;
L'Ocean pour le moins fust mon fameux tombeau.
    On me fist prisonniere. Un grand nombre d'années
Dedans leur cercle rond sont du depuis tournées,   836
Et nulle toutesfois ne m'a jamais rendu
L'heur de ma liberté chetivement perdu.
O chere liberté, mais en vain desirée!
Tu t'es donques de moy pour tousjours retirée!   840
Encor un jour en fin j'esperoy te revoir;
Cela n'a rien servi fors à me decevoir;
Je ne dois plus sortir d'une prison si forte,
Ou si j'en doy sortir la mort en est la porte.[34]   844
On veut frapper le coup que je ne puis parer;
Et bien, c'est fait de vivre, il m'y faut preparer.

833 flambeau,   840 retirée

"Le mal impatient s'irrite davantage;
"Nous n'avon rien d'humain plus grand que le courage.   848
Chœur. Madame quoy qu'on die ils n'en viendront point là.
Reine. Je suis quoy qu'il en soit resoluë à cela.
Chœur. Traiter en criminelle une telle Princesse.
Reine. "A qui veut se vanger tout autre respect cesse.   852
Chœur. Ils le font à dessein pour vous espouvanter.
Reine. Le cœur me trompe ou bien c'est pour m'executer.
Chœur. On craint trop d'offencer ces grands Princes de France.[35]
Reine. On craint moins pour ma mort que pour ma delivrance. 856
Chœur. La Reine vostre sœur jamais ne le voudra.[36]
Reine. De ma prison injuste elle se souviendra.
Chœur. C'en est aussi trop fait sans ozer davantage.
Reine. "Les grands mesurent tout par le seul avantage.   860
Chœur. Et que diroit-on d'elle en toutes Nations?
Reine. "Le souci du renom se perd és passions.
Chœur. "Qui n'a la vertu mesme au moins l'ombre desire.
Reine. "Qui n'a la vertu mesme à tout forfait aspire.   864
Chœur. "D'un specieux pretexte il tasche le voiler.
Reine. "Tel est si déploré qu'il ne le veut celer.
Chœur. "Un courage modeste a crainte de la honte.
Reine. "Un courage impudent n'en fait jamais grand conte.   868
Chœur. Il nous faut donc prier, c'est le dernier recours.
Reine. "Les esprits furieux aux prieres sont sours.
Chœur. J'en revien tousjours là que l'on fait ceste trame,
Pour esteindre le feu nourri dedans vostre ame   872
Du vivant souvenir de mille indignitez,
Que vos deportemens n'avoient pas meritez.
"Car quand au desespoir on vient offrir la grace,
"Es courages plus durs le maltalent s'efface.   876
Reine. "Une ame desolée aisément se deçoit
"Par croire de leger le bien qu'elle conçoit.
Chœur. "Une ame infortunée a tousjours meffiance,
"Et de son bien prochain recule sa croyance.   880
Reine. "Quand les pensers du cœur sont d'espoir agitez,
"Il vit incessamment plain de perplexitez.
Chœur. "Heureux en ses malheurs qui nourri d'esperance,
"Au plus espaïs des maux s'en promet delivrance.   884

861 Nations: 869 prier
871 the stage-direction is omitted / lon   879 Un ame infortunée

Reine. Mais plustost malheureux l'homme desesperé,
   Qu'un vain espoir du bien rend sans fin malheuré.
   Ne m'en parlez jamais; ce n'est en la parole,
   C'est en la douleur mesme enquoy je me console,   888
   Et chassant loin de moy tout autre doux penser,
   J'embrasse seulement ce qui peut m'offencer:
   Aussi d'assez long temps je suis en servitude,
   Pour avoir pris au mal une forte habitude.   892
Page. Voici des Gens, Madame, assez bien assistez,
   Qui descendus là bas demeurent arrestez:
   Je n'ay peu rien sçavoir du sujet qui les meine,
   Mais ils sont pour le vray de la part de la Reine.   896
Reine. Bien, s'ils viennent à nous il nous les faudra voir:
   Plaisir ni déplaisir je n'en puis recevoir:
   Car à tous accidens j'ay l'ame preparée:
   Moy-mesme je suis de moy-mesme asseurée.   900
Chœur. Mes sœurs prions d'un cœur et d'une voix
   Le Dieu du Ciel qui tient le cœur des Rois,
        Qu'il tire hors de peine
        Nostre innocente Reine.   904
     Prions celuy qui sur tous a puissance,
   Et qui de tous demande obeissance,
        Qu'il ait compassion
        De nostre affliction.   908
     Prions celuy qui ploye à ses dessains
   Les mouvemens des cœurs plus inhumains,
        Qu'il nous rende propice
        La grace ou la Justice.   912
     Prions celuy de qui la dextre forte
   De la prison ouvre et ferme la porte,[37]
        Qu'il nous tire d'ici
        Par sa douce merci.   916
     Prions celuy qui seul est le recours
   Des affligez, et des bons le secours,
        Qu'il oste la tristesse
        A nostre grand' Princesse.   920
     Prions celuy qui promet delivrance
   Au cœur constant en sa dure souffrance
        Qu'il finisse aujourd'huy
        Son mal et nostre ennuy.   924

Davison.[38] A vous Reine d'Escosse en prison arrestée
   Du depuis qu'à nos bords vous fustes apportée,
   Les Estats d'Angleterre unis en mesme accord,
   Desireux de vanger vos forfaits et leur tort   928
   Ce juste Arrest de mort par moy vous font entendre.
   Pour avoir contre nous fait les Roys entreprendre,
   Fomenté la discorde, ourdi la trahison,
   A nostre bonne Reine attenté par poison,   932
   R'allumé çà et là les civiles querelles,
   Semé des factions et des haines mortelles,
   Resuscité l'ardeur des combats amortis,
   Formé contre l'Estat grand nombre de partis;   936
   Le Conseil vous prononce une telle sentence,
   Loyer bien merité de vostre griefve offence.
   Sur un noir eschaffaut vostre beau chef voilé,
   Par la main du bourreau tombera decolé: 940
   Vostre ame monte aux Cieux. En cet espoir fidelle
   Disposez vous Madame à la vie eternelle.
Reine. En fin vient le moment si long temps attendu
   Par qui le doux repos me doit estre rendu?   944
   O jour des plus heureux tu feras qu'une Reine
   Sortant de deux prisons sortira de sa peine,
   Pour entrer dans les Cieux d'où jamais on ne sort,
   D'où n'approchent jamais les horreurs de la mort.   948
Chœur. O jour malencontreux plustost nuict tenebreuse
   Qui mets nostre lumiere en la tombe ombrageuse!
   Sans bien et sans support nous laissez vous ici?
Reine. "Il n'est point despourveu que Dieu prend en souci. 952
Chœur. Vous nous laissez, Madame, et nos moites paupieres
   A force de pleurer esteindront leurs lumieres,
   Pour nous voir ô douleur! entre mille dangers
   Parmi ces ennemis et traistres estrangers.   956
Reine. Vous me quittez plustost, ce n'est moy qui vous laisse;
   J'abandonne la terre et au Ciel je m'adresse.
   "C'est une loy certaine à qui vient ici bas,
   "Que tousjours la naissance apporte le trespas;   960
   "Que chaque jour, chaque heure et moment qui se passe

940 decolé

"De la mortelle vie accourcisse l'espace.
"Mais combien que la mort soit un mal aux meschans,
"Si est-ce un bien aux bons, qui par le cours des ans   964
"Sont conduits à ce port dont l'entrée moleste
"Introduit les esleus en la cité celeste,
"Plustost vivans que morts, plustost jeunes que vieux,
"De pelerins errans faits combourgeois des Cieux.   968
   "Alors que le Coureur a quitté la barriere,
"Il aspire à gagner le bout de la carriere;
"Le Nocher ennuyé de voguer dessus l'eau
"Desire sur la rade amarer son vaisseau;   972
"Le voyageur lassé sent rire son courage
"Quand il voit le clocher de son proche village:
Moy donc ayant fourni la course de mes ans,
Supporté constamment les orages nuisans   976
Tandis que je flottois és tempestes du monde,
Je veux anchrer au port où tout repos abonde.
Je finis mon voyage en bien rude saison,
Mais tant plus agreable auray-je la maison,   980
Où mesme je dois voir ce pere pitoyable,
Qui tire du discord la concorde amiable,
Qui regit constamment les mouvemens des Cieux,
Qui fait danser en rond les Astres radieux,   984
Et tient ce large monde enclos dans sa main forte;
Par qui tout est en tous d'une diverse sorte,
Pour qui nous avons l'estre, en qui seul nous vivon,
En qui seul nous senton, respiron, et mouvon.   988
   Le feu prompt et leger prend au Ciel sa volée;
L'eau par son propre poids est en bas devalée,
D'autant que chasque chose aspire au mesme lieu
Qui luy fut comme un centre assigné de par Dieu: 992
Mon esprit né du Ciel au Ciel sans cesse tire,
Et d'ardeur alterée incessamment soupire
Après le tout-puissant, le bon, le sainct, le fort,
"Que voir est une vie et non voir une mort.   996
   Jaçoit que la tempeste amassant mainte nuë
Vueille du Paradis m'empescher l'advenuë,
Et que par le chemin mille difficultez

975 "Moy

Viennent dessous mes pas s'offrir de tous costez;   1000
Que le chaud et le froid, que le vent et l'orage
Taschent me destourber en cet heureux voyage,
Si ne le peuvent-ils: là je dois arriver:
Je voy pour m'honorer les Vierges se lever,   1004
Les Princes et les Roys joyeux de ma venuë,
M'assigner en leur rang la place retenuë;
Et Dieu mesme au milieu des Anges glorieux,
Me recevoir chez lui d'un accueil gracieux,   1008
Me faire mille traits d'honneur et de caresse,
Et me vestir au dos la robe de liesse
Teinte au sang precieux de l'innocent Agneau,
Qui voulut s'immoler pour sauver son troupeau,   1012
Qui de libre fait serf, et qui de Dieu fait homme,
Porta dessus la Croix de nos pechez la somme.
Ciel, unique confort de nos aspres travaux,
Port de nostre tourmente, et repos de nos maux,   1016
Reçoy donc mon esprit qui sauvé du naufrage
De l'eternelle mort descend à ton rivage.
Chœur. Ne t'afflige point de la mort,
    "C'est une chose trop commune: 1020
    "Comme le foible le plus fort
    "Court à la fin ceste fortune;
    "Tous finissent également,
    "Mais non pas tous semblablement.   1024
        "Mortel, cesse donc de penser
    "Flechir la dure destinée;
    "Si rien ne la peut avancer,
    "De rien elle n'est destournée;   1028
    "Larmes soupirs plaintes discours
    "Sont vains obstacles pour son cours.
        "Une forte necessité
    "Conduit à son poinct toute chose,   1032
    "Qui court d'un pas non arresté
    "Tant qu'en sa fin elle repose:
    "Sans sentir mouvoir le bateau,
    "On gagne à l'autre bord de l'eau.   1036
        "Pieça tous nos premiers parens
1022 fortune

"Ont batu ceste noire voye,
"Où mille animaux differens
"La Parque nuict et jour convoye, 1040
"Si l'un part du monde aujourd'huy
"L'autre suit demain après luy.
  "L'homme au dernier terme arrivé
"Ainsi qu'à sa premiere source, 1044
"Par le sort humain est privé
"De faire encor une autre course;
"Comme un fleuve à la mer se joint,
"Qui puis après n'en ressort point. 1048
  "Un chemin se peut-il trouver
"Qui ne termine en quelque issuë?
"Tu vois le Soleil se lever
"Et puis se cacher à ta veuë; 1052
"De là commence à discourir
"Qu'un mortel est né pour mourir.
  "Celuy qui s'estomaqueroit
"De n'avoir eu plustost la vie, 1056
"Vray foul il se declareroit:
"C'est bien une aussi folle envie
"De vouloir differer sa mort
"Contre le dur Arrest du sort. 1060
  "L'homme jamais ne resoudra
"Qui craint une chose asseurée;
"La Parque aussi tost luy viendra
"Toute affreuse et deffigurée 1064
"Pour craindre l'heure du trespas,
"Comme pour ne la craindre pas.
  "Qui voudra constamment la voir,
"S'arme le cœur d'un haut courage, 1068
"Et s'apreste à la recevoir
"Comme un bien non comme un outrage:
"Il n'en peut jamais avoir peur
"Qui peint son image en son cœur. 1072
  "L'homme qui se reconnoist bien
"Sçait en quelque saison qu'il meure,
"Que de son temps ne se perd rien,
"Mais qu'aux autres l'autre demeure; 1076

"Estant vieil, finist-il son cours
"En la fleur de ses plus beaux jours.
    "Il void la Parque racler tout
"Sans respect de grandeur ne d'âge;   1080
"Void que de l'un à l'autre bout
"Le monde est de son appennage;
"Et qu'il n'est aucune saison,
"Qui ne luy porte sa moisson.   1084
    "Il espie le vol du temps,
"Qui toutesfois n'importe guere
"A ceux dont les esprits contens
"Ont la fortune si prospere,   1088
"Qu'ils ne sçauroient rien esperer
"Sinon perdre à plus desirer.
    "Il regarde grands et petits
"Se suivre de peu d'intervalle   1092
"Au lieu qui les tient engloutis,
"Et que dans sa demeure pasle
"Tout homme est pressé du sommeil
"Jusqu'au grand jour de son réveil.   1096
    "Il contemple qu'en se plaignant
"Pour une belle Creature
"Lors que la mort va l'esteignant,
"Il accuse à tort la Nature,   1100
"Qui reçoit d'un plus grand que soy
"La contrainte de ceste loy.
    "Il connoist qu'au branle soudain
"De tant d'inconstances humaines,   1104
"Le trespas demeure certain
"Entre ses façons incertaines,
"Mais qu'on ne peut sur son moment
"Asseoir aucun vray jugement.   1108
    "Celuy-là qui medite ainsi
"Et l'attend tousjours de pied ferme;
"Qui n'est point de frayeur transi
"Quand il void avancer son terme,   1112
"Mais le croid tousjours accompli
"Seul est de sagesse rempli.

ACTE IIII

Reine d'Escosse.[39] Voici l'heure derniere en mes vœux desirée,
Où je suis de long temps constamment preparée;   1116
Je quitte sans regret ce limon vitieux
Pour luire pure et nette en la clarté des Cieux,
Où l'esprit se radopte à sa tige eternelle,
Afin d'y refleurir d'une vie immortelle.   1120
   Ouvre toy Paradis pour admettre en ce lieu
Mon esprit tout bruslant du desir de voir Dieu;
Et vous Anges tuteurs des bien-heureux fideles,
Déployez dans le vent les cerceaux de vos aisles,   1124
Pour recevoir mon ame entre vos bras alors
Qu'elle et ce chef Royal voleront de mon corps,
Qu'au sein d'Abram[40] par vous elle soit transportée
Où la gloire de Dieu nous est manifestée.   1128
   J'anticipe par foy ce doux contentement,
Qui d'un espoir certain me remplit tellement,
Que tout ce que mon ame à mon cœur represente
Me fait vivre là haut quoy que j'en sois absente.   1132
Mais que sera-ce au prix si parvenuë aux Cieux,
Je puis voir de l'esprit ce qui n'est veu des yeux?
Ce qui n'est point ouy? ce qui ne peut en somme,
Tomber aucunement sous l'intellect de l'homme,   1136
Si deschargé du corps il n'est fait tout esprit,
Pour comprendre le bien qu'en terre il ne comprit?
   Or afin de joüir du fruit de mon attente,
Humble et devotieuse à Dieu je me presente   1140
Au nom de son cher Fils, qui sur la Croix fiché
Domta pour moy l'Enfer, la mort, et le peché;
Qui print d'un serf mortel la sensible figure,
Pour nous restituer l'immortelle nature;   1144
Et qui daigna du Ciel en terre s'abaisser,
Afin qu'au Ciel la terre il puisse rehausser:
Au nom di-je du Fils, j'adresse à toy, le Pere
Les fideles accens de mon humble priere;   1148
Plaise toy l'accepter en sa seule faveur,

1112 terme;   1148 priere,

Puis qu'il s'est par sa mort declaré mon Sauveur.
　Ramentevant les maux dont je suis criminelle
Tu me peux adjuger à la mort eternelle,　　　　　　　1152
A l'abisme de Souffre où resonnent dedans
Plaintes, cris, et sanglots, et grincemens de dents:
Mais vestuë au manteau de l'entiere innocence
Dont ton enfant unique a couvert nostre offence,　　1156
Je te prie, ô Seigneur, de donner à ma foy
Ce que peut ta Justice alleguer contre moy.
Pere doux et benin en jugement n'arrive
Contre ta creature;[41] helas mon Dieu! n'estrive　　1160
Contre moy ta servante, et ne me vien prouver
Tous les pechez mortels qu'en moy tu peux trouver.
　Tous ont failli Seigneur, devant ta sainte face:
Si par là nous estions exilez de ta grace,　　　　　　1164
A qui seroit en fin ton salut reservé?
Qu'auroit servi le bois de tant de sang lavé?[42]
"La terre des vivans demeureroit deserte,
"Si l'erreur des humains en aportoit la perte.　　　1168
　Tu nous as relevez de la cheute d'Adam,
Et tiré nostre bien de nostre propre dam:
Puis ouvrant un thresor de graces liberales,
De toy-mesme as payé nos debtes desloyales:　　　　1172
Là mesme où les pechez avoient plus abondé
Pour tous les abismer ton sang a desbordé.
　Comme quant au matin l'air est chargé de nuës,
Le Soleil décochant ses œillades menuës　　　　　　1176
Fait soudain disparoir les broüillats espandus
Entre la terre et luy comme un voile tendus;
Tu dissipes ainsi clair Soleil de Justice
Quand tu leves sur nous l'amas de nostre vice,　　　1180
Qui sans les doux regards qui partent de tes yeux,
Feroit comme un obstacle entre nous et les Cieux.
　S'il te plaist tant soit peu jetter sur moy la face,
S'esprendront dans mon cœur les rayons de ta grace,　1184
Qui le repurgeront des infames pechez
Dont j'ay l'ame et le corps l'un par l'autre tachez.
O Dieu fay que mon ame en ses fautes ternie

1151 Ramentenant　1156 unique,

Reçoive le portrait de ta gloire infinie   1188
Par ta main nettoyee, ainsi que pour s'y voir
Quand la glace est crasseuse on frote le miroir.
  Delivre moy Seigneur de ce mortel servage
Dont la chaine eternelle est le plus certain gage,   1192
Et permets que mon ame en dépoüillant ce corps
Qui l'a long temps serrée en ses liens trop forts,
Par son poix dangereux ne soit point retenuë,
Mais que pronte et legere elle fende la nuë,   1196
Afin qu'estant admise au sejour eternel,
Elle possede en soy ton amour paternel,
Qui se conçoit plus grand par l'objet de ta face
En l'esprit dévoilé de sa fangeuse masse.   1200
  Il ne me reste plus au partir de ce lieu,
Que faire à tout le monde un eternel Adieu.
Adieu donc mon Escosse, adieu terre natale,
Mais plustost terre ingrate à ses Princes fatale,   1204
Où regnent la discorde et les dissensions,
Où les cœurs sont partis d'estranges factions,
Et soudains à la guerre ainsi qu'à la creance,
Les mouvemens premiers n'ont point en leur puissance.   1208
Le Ciel vueille appaiser ces bouillons intestins
Qu'esmeuvent en ton sein les orages mutins
D'un tas de factieux, qui de guerres civiles
Deschirent la concorde et la paix de tes villes.   1212
Puisse ton jeune Roy mon enfant bien aimé
Te gouverner long temps, par les siens estimé,
Bien voulu des voisins, craint des peuples estranges,
Et connu jusqu'au Ciel par ses propres loüanges.[43]   1216
  O toy l'espoir des Gens, doux souci de mon cœur,
Quoy que l'on m'use à tort de fraude et de rigueur
Possible en tel sujet par tout inusitée.
Que ton ame pourtant ne s'en tienne irritée;   1220
"Mais pour le bien public porte patiemment
"Ce que tu ne devrois endurer autrement.
"En telle occasion se taire de l'outrage
"Ce n'est point lascheté, c'est grandeur de courage   1224
Adieu puis qu'en vivant ci bas regner te faut
Aussi bien qu'en mourant je vay regner là haut.

Puisses-tu croissant d'âge accroistre tant en graces,
Qu'après tous autres Roys toy-mesme tu surpasses.   1228
   Adieu France jadis sejour de mon plaisir,
Où mille et mille fois m'emporta le desir
Depuis que je quittay ta demeure agreable,
Par toy je fus heureuse, et par toy miserable: 1232
Si toutesfois chez toy pouvoient loger mes os,[44]
La mort me tiendroit lieu de grace et de repos:
Mais puis que l'Eternel[45] autrement en dispose,
Sur son juste vouloir mon ame se repose.   1236
   Adieu ton grand Henry Monarque glorieux,
Delices de la terre et doux souci des Cieux,
Qui porte aux yeux l'amour, la grandeur au visage,
L'eloquence en la bouche, et Mars dans le courage.[46]   1240
   Adieu Princes du sang honneur de l'univers,
Adieu braves Lorrains qui de Lauriers couvers,
Faites que vostre Race en tous lieux estimée,
Vante encor' à bon droit les palmes d'Idumée.[47]   1244
   Adieu superbe Louvre enflé de Courtisans;[48]
Adieu riches Cités, adieu Chasteaux plaisans,
Adieu Peuple courtois, adieu belle Noblesse,
Qui m'avez tant cherie estant vostre Princesse,   1248
Lors qu'un François second clair Astre des Valois,
Sur la Gaule exerçoit les paternelles loix.
   Adieu finablement chastes et belles Dames,
Le beau desir des cœurs, l'ardeur des belles Ames,   1252
Qui dedans l'air François brillés plus vivement,
Que ne font par la nuict les feux du Firmament,
Et qui passés encor' en nombre les Estoilles,
Quand pour luire en Hiver elles n'ont plus de voiles.   1256
   Maintenant de quels mots pourrai-je m'aviser,
Belles et cheres sœurs, de quels adieux user
En partant d'avec vous pour aller voir les Anges?
Je sens plus que jamais des mouvemens estranges,   1260
Lors que je voy vos yeux de larmes se bagner,
Pour ne pouvoir au Ciel mes pas accompagner;
Au son de ces soupirs qui vous ouvrent la bouche,
Un grand trait de douleur si vivement me touche   1264
Que j'en ay l'ame outrée, et contre mon vouloir,

Je me contrain moy-mesme à gemir et douloir.
Mais calmon nostre Esprit, serenon nostre face
Puis que ceste tempeste apporte une bonace.   1268
"C'est fort peu de mourir pour revivre à jamais
"Au sejour eternel en eternelle paix.
A ce dernier depart baisés moy Damoiselles,
Et priés Dieu pour moy; vos prieres fidelles   1272
Serviront de cerceaux à mon esprit leger,
Pour s'aller d'un plain vol sur les Astres loger.
 Mais je vous suppliray (c'est le dernier office
Que je requiers de vous pour comble de service)   1276
Que les mains du bourreau ne profanent mon corps;[49]
"Le cher soin de l'honneur doit survivre les morts.
Fermés donc de vos doigts mon obscure paupiere,
Ensevelissés moy, couchés moy dans la biere: 1280
Si mes membres gelés n'en ont nul sentiment
Mon ame en goustera quelque contentement.
Chœur. L'Homme avant qu'il soit mort heureux ne se doit croire;[50]
 "Car la felicité n'habite en ces bas lieux;   1284
"Elle vit loin du monde et nul ne void sa gloire,
"Si se laissant soy mesme il ne retourne aux Cieux.
 "Que l'esprit est content qui connoist ceste Belle
"Et peut à plain souhait la cherir et baiser;   1288
"Que l'ame est satisfaite en la gloire immortelle
"D'uzer de ses plaisirs qui ne peuvent s'user.
 "Quels doux ravissemens de gouster l'Ambrosie
"Que sa main delicate offre à ses Courtisans,   1292
"Et boire son Nectar qui de la fantasie
"Escarte la tristesse et les soucis cuisans.
 "Celuy qu'elle reçoit à l'honneur de sa table,
"Au banc des immortels elle le fait asseoir,   1296
"Pour mener dans le Ciel une vie agreable,
"Et commencer un jour qui n'aura point de soir.
 "Sa teste est par sa main de gloire couronnée,
"Son corps est revestu de l'immortalité;   1300
"Il celebre en ce poinct le celeste Hymenée,
"Qui pour jamais l'allie avec l'eternité.
 "Les Anges assistans au sacré mariage
1275 service.)   1277 corps,

"Font le chant nuptial retentir dans les Cieux,   1304
"Un extréme plaisir chatouille leur courage,
"Pour l'extréme plaisir des Amans glorieux.

"Possesseurs eternels des graces eternelles,
"Vivez paisiblement en la maison de paix: 1308
"Le temps rendra tousjours vos liesses nouvelles;
"La fleur de vos plaisirs ne flestrira jamais.

"Vous habitez un port d'où n'approche l'orage
"Qui le calme du monde à l'instant peut troubler: 1312
"Là l'esprit s'est sauvé le corps faisant naufrage,
"Et les flots courroucez ne le font plus trembler.

"Vous ne redoutez plus les aguets d'un Corsaire,
"Qui la mer espouvante et perit le Nocher: 1316
"Vous n'avez plus la peur d'un brigand sanguinaire,
"Qui court le fer au poin le pas vous empescher.

"Plus l'avare usurier qui les vivans devore,
"N'envoye à vostre porte un Sergeant rigoureux: 1320
"L'homme vous mesprisoit, Dieu mesme vous honore,
"Et par vostre malheur vous estes bien-heureux.

"Un Prince ambitieux ne vous fait plus d'outrage,
"Pour ranger tout un peuple à sa discretion;   1324
"Et vous ne craignez plus d'un Tyran le visage,
"Prenant pour tout conseil sa seule passion.

"La trompette en sursaut vos ames ne resveille;
"Vous ne voyez nos champs de bataillons couvers;   1328
"La musique des Cieux contente vostre oreille,
"Et pour en voir le bal vos beaux yeux sont ouvers.

"Rien ne peut desormais du repos vous distraire,
"Vos cœurs sont maintenant saoulez de tous plaisirs;   1332
"Ce qui plus nous déplaist ne vous sçauroit déplaire,
"Et vos contentmens surmontent vos desirs.

"Bref, vous possedez tant de graces nompareilles,
"Que l'oyant et voyant on ne s'en croiroit pas: 1336
"Mais on tiendroit suspects les yeux et les oreilles,
"Comparant vos plaisirs à ceux-là d'ici bas.

ACTE V

Maistre d'Hostel.[51] O trois et quatre fois serviteur miserable!
   Tu vis encor', et vois ce malheur déplorable,   1340
   Ains ne le voyant pas, et par trop de regret,
   En ta discretion demeurant indiscret.
   Reine unique ornement des Dames de nostre âge,
   Que ton malheureux sort afflige mon courage!   1344
   Beau corps, de qui la mort travaille tant d'esprits
   Dont le plus grand bon-heur en tes yeux fut compris,
   Je n'ay peu ni n'ay deu te faire cet office,
   Quoy que je fusse né pour te rendre service.   1348
      Après t'avoir servie en un degré si haut,
   Que je t'eusse conduite au honteux eschaffaut?
   Ce n'eust pas esté rendre un certain tesmoignage
   Combien j'abominois un si cruel outrage.   1352
      J'avoy veu ci devant ton auguste grandeur
   Surpasser le Soleil en sa vive splendeur,
   Et croyoy que la nuë à l'entour amassée,
   Seroit par ton bon-heur quelque jour dechassée;   1356
   Mais j'en suis si trompé qu'au lieu de te revoir
   Sur un thrône Royal exercer ton pouvoir,
   Helas! je suis contraint te regarder[52] de l'ame
   Exposée au Bourreau sur un theatre infame.   1360
      Certes, je fusse mort au milieu de mes pas,
   Si je t'eusse guidée à ce honteux trespas,
   Honteux non pas à toy mais à cette Barbare,
   Que le visage seul de ses Ourses separe.   1364
   C'est estre bien vrayment la mesme cruauté
   De laisser manier cette unique Beauté,
   Qui des Rois seulement merite estre touchée,
   A la main d'un Bourreau de carnage entachée,   1368
   Pour en elle meurtrir sans vergongne et sans peur
   La grace de la grace et l'honneur de l'honneur.
      O toy qui le consens peuple fier et sauvage,
   Puisse ton propre sang humecter ton rivage;   1372
   Tousjours par tes Citez se promene la Mort,
   Conduisant devant soy la haine et le discord;

Tousjours le Ciel broüillé d'orage et de tempeste
Mille foudres agus delasche sur ta teste;   1376
Tousjours la mer enflée en ses bruyans debors
Coure sus ton rivage et sans bride et sans mors.
Chœur. "Nous vivon en un siecle auquel la modestie,
"La honte et la vergoigne est du monde partie;   1380
"Nous sommes en un temps où tout est confondu,
"Où l'injuste supplice au bon droit est rendu,
"Où le vouloir des grands est estimé loisible,
"Où toute la raison se mesure au possible.   1384
    On fait si peu de cas du sacré sang Royal
Que la hache s'en trempe et le bras desloyal
L'espand ne plus ne moins que le sang mercenaire;
On donne aux majestez le supplice vulgaire,   1388
Et ce qui de tous temps restoit d'inviolé
Se void pour l'advenir profanement soüillé.[53]
    D'autant plus que de pres tel supplice on contemple,
On le juge execrable et de mauvais exemple: 1392
Car jamais le Soleil dans le Ciel tournoyant
N'apperçeut ici bas de son œil flamboyant
Une si detestable et si perfide injure;
O Dieu tu le connois et ton foudre l'endure!   1396
Mais voici pas quelqu'un qui s'en vient devers nous?
Marchon viste au devant, mes sœurs avancez-vous.
Messager. Vous venez à propos dolentes Damoiselles,
Pour entendre par moy de piteuses nouvelles.   1400
Chœur. Nous les attendon bien; mais parle Messager,
Aussi bien nos esprits cherchent à s'affliger.
Messager. Cette Dame Royale et d'ame et de courage,
En qui le plus haut Ciel admiroit son ouvrage,   1404
Est morte maintenant; son sang fumeux et chaud
Ondoye à gros boüillons sur le noir eschaffaut.[54]
Chœur. Forfait inusité! supplice abominable!
Cruauté barbaresque! attentat execrable!   1408
D'un visage si beau les roses et les lis
Par les doigts de la mort ont donc esté cueillis?
Cette bouche tantost si pleine d'éloquence
Est close pour jamais d'un eternel silence?   1412

1358 pouvoir;   1379 modestie   1404 ouvrage

Et cet esprit divin hoste d'un corps humain
En est chassé dehors d'une bourrelle main?
Messager. Seules vous ne plaignez le sort de cette Dame.
Mais escoutez sa fin pour consoler vostre ame.   1416
"Une constante mort dite à l'esprit discret,
"Mesle quelque plaisir avecques son regret.
  Une grand' salle estoit funebrement parée,
Et de flambeaux ardans haut et bas esclairée,   1420
D'une noire couleur esclatoit le pavé,
L'eschaffaut paroissoit hautement eslevé.
Là des peuples voisins se fait une assemblée,
Qui de tel accident estoit beaucoup troublée,[55]   1424
Et la Reine qui porte un visage constant,
Arrive tost après où le Bourreau l'attend.
Paulet son garde-corps luy servoit de conduite,[56]
Et ses femmes en pleurs cheminoient à sa suite.   1428
Elle qui lentement à la mort se hastoit,[57]
Leur douleur par ces mots doucement confortoit:
Je vous pri' que ma mort ne soit point poursuivie
De larmes et sanglots; me portez-vous envie,   1432
Si pour perdre le corps je m'aquiers un tel bien,
Que tout le monde entier aupres de luy n'est rien?
Puis qu'il faut tous mourir suis-je pas bien-heureuse
D'aller revivre au Ciel par cette mort honteuse?   1436
Si la fleur de mes jours se flestrit en ce temps,
Elle va refleurir à l'eternel Printemps,
Et la grace de Dieu comme une alme rosée,
Distilera dessus sa faveur plus prisée,   1440
Pour en faire sortir un air si gratieux,
Qu'elle parfumera le saint pourpris des Cieux.
"Les esprits bien-heureux sont des celestes Roses
"Au Soleil de Justice incessamment escloses;   1444
"Celles-là des jardins durent moins qu'un matin,
"Mais pour ces fleurs du Ciel elles n'ont point de fin.
  Quand elle eut dit ces mots à ses tristes servantes,
Pour son cruel depart plus mortes que vivantes,   1448
S'accreurent les soupirs en leurs cœurs soucieux,
Les plaintes en leur bouche, et les pleurs en leurs yeux.
1426 l'attend,

Comme elle est parvenuë au milieu de la salle,
Sa face paroist belle encor qu'elle soit palle,   1452
Non de la mort hastée en sa jeune saison,
Mais de l'ennuy souffert en si longue prison.
Lors tous les assistans attendris de courage,
Et d'ame tous ravis, regardent son visage,   1456
Lisent sur son beau front le mespris de la mort,
Admirent ses beaux yeux, considerent son port;
Mais la merveille en eux fait jà place à la crainte,
Du prochain coup mortel leur ame est plus attainte,   1460
Quand s'abstenant de pleurs elle force à pleurer,
Quand ne soupirant point elle fait soupirer.
    Comme tous demeuroient attachez à sa veuë
De mille traits d'amour mesme en la mort pourveuë,   1464
D'un aussi libre pied que son cœur estoit haut,
Elle monte au coupeau du funebre eschaffaut,
Puis sousriant un peu de l'œil et de la bouche:
Je ne pensois mourir en cette belle couche;   1468
Mais puis qu'il plaist à Dieu user ainsi de moy,
Je mourray pour sa gloire en deffendant ma foy.
Je conqueste une Palme en ce honteux supplice,
Où je fay de ma vie à son nom sacrifice,   1472
Qui sera celebrée en langages divers;
Une seule couronne en la terre je pers,
Pour en posseder deux en l'eternel Empire,
La couronne de vie, et celle du Martyre.   1476
    Ces mots sur des soupirs elle envoyoit aux Cieux,
Qui sembloient s'atrister des larmes de ses yeux;
Mais soudain se peignant d'allegresse plus grande,
Un Pere confesseur tout haut elle demande;   1480
L'un s'avance à l'instant qui veut la consoler,
Elle qui reconnoist à l'air de son parler
Qu'il n'est tel qu'elle veut, demeure un peu confuse.[58]
Si peu donc de faveur, dit-elle, on me refuse?   1484
C'est trop de cruauté de ne permettre pas,
Qu'un Prestre Catholique assiste à mon trespas:
Mais quoy que vous faciez je mourray de la sorte,
Que mon instruction et ma croyance porte.   1488

1467 bouche

Ce dit sur l'eschaffaut ployant les deux genoux,
Se confesse elle mesme, et refrappe trois coups
Sa poitrine dolente,[59] et baigne ses lumieres
De pleurs devotieux qui suivent ses prieres,   1492
Et tient tous ses esprits dans le Ciel attachez,
Pour avoir le pardon promis à nos pechez.
  Son Oraison finie elle esclarcit sa face,
Par l'air doux et serain d'une riante grace,   1496
Elle montra ses yeux plus doux qu'auparavant,
Et son front s'aplanit comme l'onde sans vent:
Puis encor derechef forma cette parole;
Je meurs pour toy Seigneur, c'est ce qui me console,   1500
A ta sainte faveur, mon Sauveur et mon Dieu,
Je recommande l'ame au partir de ce lieu.
Puis tournant au Bourreau sa face glorieuse:
Arme quand tu voudras ta main injurieuse,   1504
Frappe le coup mortel, et d'un bras furieux
Fay tomber le chef bas et voler l'ame aux cieux.
Il court oyant ces mots se saisir de la hache;
Un, deux, trois, quatre coups sur son col il delasche;[60]   1508
Car le fer aceré moins cruel que son bras
Vouloit d'un si beau corps differer le trespas;
Le tronc tombe à la fin, et sa mourante face
Par trois ou quatre fois bondit dessus la place.   1512
Chœur. O quel froid marrisson nous suffoque le cœur!
  Afin que nostre sort connoisse sa rigueur:
  Transformez-vous nos yeux en sources eternelles,
  A force de pleurer aveuglez vos prunelles;   1516
  Et vous cœur desolé laschez tant de sanglots,
  Qu'ils bruyent aussi haut que l'orage des flots.
Messager. Laissez laissez à part ces plaintes miserables.
Chœur. Qui peut assez pleurer des maux si déplorables?   1520
Messager. "On doit tant seulement lamenter pour les morts
  "Dont toute l'esperance est morte avec le corps
  "Ignorans l'autre vie, et ne croyans que l'homme
  "Est mis dans le tombeau pour dormir un court somme,   1524
  "Et qu'à la voix de l'Ange il ressuscitera.
  "La mort n'est point un mal; et quand le bon mourra,

1510 trespas,

"Cette injure ne peut jusqu'à ce poinct s'estendre
"De changer son Estat et malheureux le rendre: 1528
"Car bien que mesme fin fust à l'homme innocent,
"Qu'à l'homme vitieux qui coulpable se sent,
"Celuy-là dont la vie a tousjours esté bonne,
"Meurt tousjours assez bien quelque mort qu'on luy donne. 1532
"Si le genre de mort nous faisoit malheureux,[61]
"Le ciel seroit aux bons trop aspre et rigoureux:
"Car il auroit rendu chetifs et miserables
"Tant de sacrez Martyrs, de Peres venerables,   1536
"Et de saints Confesseurs qui constans en la foy,
"Sont morts honteusement à l'honneur de leur Roy.
Chœur. Vostre conseil est bon. Ne lamentons pour elle
Qui maintenant jouit de la gloire eternelle,   1540
Mais plaignons nostre perte, et pleurons seulement
Pour chercher à nos maux quelque soulagement.
"L'amertume des pleurs adoucit la tristesse.
Escoute ces regrets bien-heureuse Princesse.   1544
    Princesse unique objet des Princes et des Rois,
Par qui l'amour faisoit reconnoistre ses loix,
En toy seule acquerant dessus tous la victoire,
La beauté respiroit quand tu vivois ici,   1548
Mais lors que tu mourus elle mourut aussi,
Et le regret sans plus en reste à la memoire.
    Si ta main possedoit un sceptre glorieux,
Tu le viens d'eschanger au Royaume des Cieux: 1552
Mais on nous aveugla nous cachant ta lumiere;
Car bien que le Soleil rayonne sur nostre œil,
Nostre ame en te perdant a perdu son Soleil,
Dont la seule clarté nous ouvroit la paupiere.   1556
    Beauté qui commandois absolument aux cœurs,
Et qui trempois d'attraits les traits de tes rigueurs,
Par lesquels on mouroit de douleur ou d'envie;
S'il te falloit mourir naistre il ne falloit pas,   1560
Ou si rien ne peut vivre immortel ici-bas,
Tu devois toute vive au Ciel estre ravie.
    Immortel ornement des mortelles beautez
Dont tous les yeux humains languissoient enchantez,   1564
Amour estant luy-mesme amoureux de ta grace,

Tousjours la Chasteté sur ton front reluisoit,
La douceur en tes yeux sa retraite faisoit,
Et la pudeur semoit ses roses en ta face.   1568
   Beau corps qui la vertu dedans toy renfermois,
Comme le seul esprit duquel tu t'animois,
Pour estre aux yeux de tous plus parfaite renduë;
Quand l'on te fist aller de la vie au trespas,   1572
Avec toy dans les Cieux elle alla d'ici bas,
Comme des Cieux en toy elle estoit descenduë.
   Teste où les jeux mignards comme oiseaux se nichoient,
Doux liens où les cœurs des Princes s'attachoient,   1576
Et faisoient tous ravis gloire de leur service,
Las vous n'esclairez plus ô cheveux bien aimez,
Ou bien c'est dans le Ciel, en astres transformez,
Comme furent jadis ceux-là de Berenice.[62]   1580
   Beau front, glace brulante où les yeux arrestez
Admiroient chacun jour cent nouvelles beautez,
Siege de majesté tout relevé de gloire,
Amour ce grand Démon qui sçait ranger les Rois,   1584
Le sceptre dans la main donnoit en toy ses loix,
Assis pompeusement sur un thrône d'yvoire.
   Beaux yeux de ce beau Ciel en clarté nompareils,
Beaux Astres, mais plustost deux rayonnans Soleils,   1588
Aveuglans tout ensemble et bruslans de leurs flames,
Autresfois vos regards doucement courroucez,
Furent autant de traits rudement eslancez,
Pour faire en leur desir mourir l'espoir des ames.   1592
   Bouche plaine de basme et de charmes coulans
Qui les cœurs plus glacez pouvoient rendre bruslans,
Plus faconde en beaux traits qu'en doux attraits feconde:
Vif oracle d'amour tousjours tu ruisselois,   1596
D'un grand flus d'eloquence alors que tu parlois,
Pour ravir de merveille et de crainte le monde.
   Helas vous n'estes plus cheveux plus beaux que l'or,
Ou vous estes sanglans si vous estes encor;   1600
Front tu n'as plus aussi ta blancheur naturelle;
Yeux qui tant de lumiere espandiez à l'entour,
La mort vous a voilez en despit de l'amour;

1572 lon   1581 front

Le silence te clost, ô bouche sainte et belle.   1604
   Puis que tant de beautez l'on a veu moissonner,
Cessez pauvres mortels, de plus vous estonner
Si vous ne trouvez rien de constant et durable:
"De moment en moment on voit tout se changer;   1608
"La vie est comme une ombre ou comme un vent leger,
"Et son cours n'est à rien qu'à un rien comparable.

1605 lon

FIN

NOTES

EPISTRE

1. Montchrestien in 1596 dedicated his first play, *Sophonisbe*, to Mme de la Vérune, wife of the governor of Caen. In 1601 and 1604 he dedicated the collected editions of his *Tragédies* to the youthful Henri de Bourbon (1588–1646). An obsequious tone was, of course, *de rigueur* in dedicatory epistles. Little heed need be paid to Montchrestien's protestations about the unworthiness of his plays, though he did write them in his younger days only. Many Renaissance authors affected similar coy attitudes towards the printing of their works (v. J. W. Saunders, 'The Stigma of Print', *Essays in Criticism*, i (1951), pp. 139–64). It is not clear what the 'autre sujet d'escrire' might be: Montchrestien could hardly be thinking already about his *Traité de l'œconomie politique* which did not appear until 1615.

The epistle has two main functions. It announces that a new play, *Hector*, is appearing for the first time and that the other tragedies have been carefully revised, though the revision concerns details of style and not 'form' in any more general sense. It also states that tragedies provide men, and especially princes, with excellent examples of the way noble souls can endure ill-fortune. This argument had been put even more strongly in the dedicatory epistle to the 1601 edition: 'Les Tragedies pour le seul respect de leur subjet, ne meritent moins d'estre leües des Princes, nés et nourris aux lettres et à la vertu, que d'autres livres qui portent des tiltres plus specieux, et plus serieux en apparence. Elles representent presque en un instant, ce qui s'est passé en un long temps; les divers accidents de la vie, les coups estranges de la fortune, les jugemens admirables de Dieu, les effets singuliers de sa providence, les chastiments épouventables des Rois mal conseillés et des peuples mal conduits.' Renaissance writers generally stress the moral benefits to be derived from their works: they seem to have been rather diffident about claiming that it merits attention for aesthetic reasons. A poem or play will not, they appear to think, be taken 'seriously' unless it can be argued that it has a moral value.

After the *Epistre* a number of poems were printed. The first, by Montchrestien himself, merely reiterates the themes of the *Epistre*; the remainder, by various friends, are conventional liminary poems praising the dramatist and commending his work to the public.

2. Cf. Montaigne's dictum—itself a commonplace, of course—that we should not judge a man until we have seen him 'jouer le dernier acte de sa comédie, et sans doute le plus difficile' ('Qu'il ne fault juger de nostre heur qu'après la mort', *Essais*, i. xix).

HECTOR

In these notes it would be pointless to provide details about every single name mentioned. It is usually plain from the context which side a given person is on, and that, together with the sound of the name, is often all that matters. *The Oxford Classical Dictionary* will provide any further information required.

1. Cassandre appears again in Act IV, but otherwise her lengthy speech is a typical 'protatic' monologue, serving to introduce the subject of the tragedy and set its tone. Only rarely (e.g. in La Taille's *Saül le furieux*) does a more rapid-moving opening give dramatic force to the *in medias res* convention.

2. The rhyme *arriver/hiver* (also in ll. 1830–1) was acceptable in the sixteenth century.

3. From *alcyon* (swallow or kingfisher). In fable, this bird builds its nest on the sea; halcyon days are a period of calm when it is brooding.

4. Aeolus, the ruler of the winds, could at will either restrain them or let them blow out over the world.

5. When Apollo fell in love with Cassandra he gave her prophetic powers. Later, as a punishment, he decreed that nobody should believe what she foretold.

6. i.e. Zeus.

7. The Pythia, a young woman dedicated to Phoebus (Apollo), went into prophetic frenzy, as Cassandra did, and sat on a three-legged stool to deliver the Delphic Oracle which was normally in ambiguous terms.

8. *Crime* is not usually f. in sixteenth-century French.

9. Hecuba, Priam's wife, dreamed she would give birth to a flaming torch; Priam therefore ordered the death of Paris when he was born, but the command was disobeyed.

10. In mythology three Parcae, or Fates, preside over human destiny. Montchrestien often speaks of *la Parque* in the singular, referring to *Atropos* (l. 2348) whose task is to snip the thread of life at the appropriate moment.

11. After his ninth labour, the winning of the Amazon's Girdle, Hercules passed through Troy. King Laomedon had cheated Apollo and Poseidon after they had built the city's prodigious walls, and in consequence the country was being ravaged by a sea-monster. Hercules slew it, but was also refused his reward, the king's famous horses, so he sacked Troy and killed Laomedon, though he spared his son Priam.

12. After abducting Helen, Paris sailed all around the eastern Mediterranean before he could return to Troy.

13. In *Les Epithetes* (1571) La Porte notes that 'Les anciens Romains ont estimé l'Occasion une deesse, et la peignoient, aiant les pieds ailez sur une boule, et le devant de sa teste chevelu, et le derriere chauve, denotants par ceste fiction la subite inconstance de l'Occasion, laquelle s'offrant doit estre prinse, autrement ne nous demeure que la repentance qui tousjours l'accompagne.'

14. To defend Troy, Priam called out his allies in Asia Minor.

15. The Gods of Hades, the Underworld.

16. This is a common figurative expression. The original allusion is to Cadmus who slew a dragon: when he sowed its teeth in the ground, warriors sprang up.

17. The *nombres à valeur indéterminée*, so disliked by Malherbe (Brunot, *La Doctrine de Malherbe*, pp. 373–5), were considered poetic and expressive by most French Renaissance authors, and Montchrestien often uses them.

18. Giving an epic ring, traditional characteristic epithets are coupled with the name of each of the heroes, and the most famous of them are referred to by periphrasis. L. 235 refers to Ulysses, l. 238 to Menelaus, ll. 239–40 to Agamemnon, and ll. 241–2 to Achilles. It was only after the death of his friend Patroclus at the hands of Hector that the disaffected Achilles took the field again.

19. Hector's farewell to his infant son Astyanax is one of the incidents which Homer views from the Trojan standpoint (*Iliad*, vi). Astyanax was later flung to his death from the walls of Troy.

20. *Veufve* and *vive* differ only in one sound yet contrast in meaning: this figure is called *allusio*.

21. Hector's prayer takes up Vergil's famous lines evoking Rome's imperial destiny, which are followed by a panegyric of Marcellus, the prospective heir of Augustus (*Æneid*, vi. 851–3).

22. When Troy fell, Andromache became the slave of Neoptolemus (Pyrrhus), the son of Achilles. Instead of a factual account of Andromache's subsequent misfortunes, Montchrestien imitates Homer's evocation of the lot of a slave (*Iliad*, vi). A quotation from the relevant portion of Jamyn's translation from Homer will show up Montchrestien's qualities:

> C'est ce qui plus m'agrave,
> Mesmes pensant que tu seras esclave
> De quelque Grec, qui t'emmenera
> En son pays, et te condamnera
> D'ourdir la toile et filer sans sejour:
> Puis au matin, et au plus haut du jour
> Aller querir de l'eau en la fontaine…

23. On his way to Troy, Achilles slew Andromache's father, Eetion, along with her seven brothers, sacked his capital, Thebes in Cilicia, and took captive her mother, who did not survive long. Achilles, the son of Peleus (hence Pelide), was, Dictys of Crete remarks, a man whose 'character showed a certain savage forcefulness, a certain savage impatience': he was a barbarian rather than a Greek.

24. Old, unkempt Charon ferried the shades of the dead across the river Acheron into the Underworld. He sometimes had to fight to stop too many of them clambering aboard his fragile craft (v. ll. 2127–30).

Hector now expounds here his fatalism and his stoicism. Cf. Jamyn's version of the analogous passage (*Iliad*, vi):

> Mourir convient, tu ne l'ignores pas
> Et n'est humain qui se puisse venter
> De se pouvoir de la mort exempter.
> Car dès le jour de la Nativité
> Sommes subjects à la mortalité.

> Quant est de moi, bien cher l'acheptera
> Qui de ce corps la vie m'ostera:
> Car ne peut estre aucunement finee,
> Jusques au temps mis à ma destinee...

25. Writing of the courage of those who at a siege storm a breach in the ramparts, Montchrestien does not avoid an anachronistic reference to fire-arms. (Cotgrave renders *meche* as 'match for a Harquebuse'.)

26. In the Renaissance great interest was taken in auguries, divination and so on. This vogue is often exploited for dramatic effect.

27. The speech concludes with a variant of the oft-repeated adage 'God helps those who help themselves.' It is found, e.g., in Erasmus's *Adages*.

28. More precisely, brothers-in-law.

29. The speech recounting a dream of impending misfortune is part of the stock-in-trade of Renaissance dramatists: it offers scope for oratorical display and accords well with concepts of Fate. Montchrestien has gradually built up to this oratorical set-piece just as the author of a well-made play might to some significant incident.

30. Morpheus who sends deceptive dreams.

31. Now the speeches begin to alternate more rapidly and lead to stichomythia with each character formulating his argument in a single line of verse. This contrasts with Andromache's more elegiac mode of expression and helps to convey Hector's vigour.

32. Proteus could assume different forms in a trice, and the bewildering Chimaera had a lion's head, a dragon's tail and a goat's body.

33. Cf. 'Fortune favours the brave'—a familiar adage mentioned, e.g., by Erasmus.

34. Priam refutes Hector by using the verb *fondre* in a different sense (*antanaclasis*).

35. Cotgrave explains this idiom: 'His heart to faint, or fayle him, cowardly to flinch […]; to clap his tayle between his legs.'

36. Before leaving Argos, the Greeks rashly vowed to fight on until Troy fell.

37. Antenor was the elderly, wise counsellor of the Trojans, as Hector remarks (ll. 1031–2). His role here is like that of a confidant.

38. *Le cesser* is an example of an infinitive used as a noun.

39. Mycene was the capital of Agamemnon's realm. But *chefs de Mycene* here means simply 'leaders of the Greeks'.

40. Montchrestien inserts a set-piece in epic style celebrating the hero and his famous adversaries. The passage does not really serve to advance the action at all.

41. The day-long combat between Hector and Ajax is the subject of *Iliad*, vii. Ajax had a bronze shield covered with seven layers of leather.

42. Petit de Julleville suggests reading 'Teucere' (the stepbrother of Ajax).

43. On Mount Ida, by Troy, stood a temple to Cybele.

44. The Simois and Scamander are rivers near Troy; they are often referred to as gods.

45. Fame is traditionally conceived as a goddess who proclaims noble deeds

by blowing a *buccina* (a valveless trumpet). She is thus portrayed on the title-page of both the 1601 and 1604 editions of Montchrestien's *Tragédies*.

46. Cf. Psalm cxxvii. 1.

47. For a full treatment of the renewed interest in portraiture in the fifteenth and sixteenth centuries, see J. Pope-Hennessy's *The Portrait in the Renaissance* (Phaidon, 1966).

48. The messenger, anonymous as is usual in a Renaissance play, has a moment to recover his breath before his graphic narration. There are several similar accounts in *Hector*. Convention prohibited violence on stage, but among the reasons for accepting the convention was the motivation and scope it offered for fine descriptive speeches.

49. In Homer, warriors are for ever shouting. Insults are always exchanged before and during combat, and a demoralized soldier is invariably hounded with cries of derision.

50. Omens foretell the disaster (cf., e.g., La Taille's *Saül le furieux*, ll. 153–60).

51. The god of the river Scamander which flowed by Troy.

52. *Soldats* were common infantrymen, *gendarmes* well-born cavalrymen.

53. We become accustomed to wild-animal imagery in this play, but the second line of the simile is especially wounding to Hector.

54. Renaissance military manuals stress the need for generals to be orators so that they can exhort their troops (v. R. Radouant, 'L'éloquence militaire au XVIe siècle', *RHLF*, xviii (1911), pp. 503–52).

55. This detail is medieval, not Homeric. An armoured knight was helpless if his charger rolled on top of him.

56. The division into two of Act III by a chorus is quite common in Renaissance tragedies. The playwrights appear not to have felt that this was against the spirit of the five-act convention.

57. For a fuller treatment of the topos of 'mutability', see, e.g., Du Bellay's *Antiquités*.

58. An appreciation of the *contentement* derived from listening to heroic lamentation is the basis of the enjoyment of Renaissance tragedy. Heleine's appearance is dramatically needless and inconsequential: it simply provides an opportunity for a prosopopoeical speech devoted to the presentation of a situation and the evocation of a mood. Heleine concludes that she cannot be held responsible for the impending disaster.

59. After being exposed on Mount Ida at Priam's behest, Paris became a shepherd. He was summoned by Hermes to adjudge who was the most beautiful, Athene, Aphrodite or Hera (Juno). As a reward for selecting Aphrodite, he was enabled to abduct Helen. Thus he precipitated the Trojan War.

60. Amidst much conventional imagery, this apt image from statics is striking (see also l. 1837).

61. Cassandre's character is not all of a piece. Here she does not foretell doom, but proffers stoic advice.

62. Petit de Julleville suggests this means *s'affoler*; Huguet, *se disperser*.

63. *Cornes* are ornaments placed at the angles of an altar.

64. There is irony here, for after the catastrophe Priam went, Homer records, to offer Achilles great rewards for the return of Hector's corpse.

65. Ide (Idaeus), Priam's herald, has been standing silently by. Like other French Renaissance dramatists, Montchrestien does not give colour to minor characters such as heralds: the contrast with Shakespeare's practice is striking.

66. Agamemnon, son of Atreus and elder brother of Menelaus.

67. The Cyclops are one-eyed giants who work as blacksmiths.

68. Patroclus (son of Menoetius).

69. The Myrmidons were the troops Achilles led.

70. Priam's hope is, of course, vain: all Montchrestien's contemporaries knew the outcome of the story and also realized that no man can escape his fate. There is suspense and dramatic excitement here, but it is not the tension that arises from wondering what Hector will *do* or what will happen next. It comes rather from foreseeing what must befall him and from wondering how news of it will affect those who love him.

71. The opening of Act V takes up the closing words of dialogue from Act IV. In *Hector* Montchrestien takes uncommon pains to maintain links between the acts. The gradual progression from hopes for Hector's safety to a lament for the lost sons of Troy serves to change the mood in preparation for the report of the final disaster.

72. Hecube thinks of her daughter, Polyxena. The audience knows that the girl will be sacrificed to the shades of Achilles and that her mother will then lament that she must prepare her, not for marriage, but for execution (see Seneca's *Troades*, a play well known in France in the sixteenth century). Hecube's words are therefore particularly affecting.

73. To attempt to see the advantages that might come from one's misfortunes was a form of consolation recommended by the stoics.

74. Montchrestien might have used Ide (l. 1715) to report the catastrophe; instead he follows convention, and the messenger is anonymous. His speech follows a pattern seen in other early tragedies. He begins with expressions of horror and grief, then bluntly states that the hero is dead. Those listening are horrified, but ask for more details. At once the Messenger launches into a circumstantial narrative, including quotations of the hero's own words. This account is interrupted by anguished exclamations by the listeners, and these bring into relief the description of the final catastrophe.

Usually even those most affected by the disaster listen to the account to the very end, thus demonstrating their moral resilience (see La Taille's *La Famine*, ll. 1223–32, in which Merobe insists that she can bear to listen to the report of her sons' and her nephews' crucifixion). Andromache's swooning is related by Homer (*Iliad*, xxii), and Montchrestien is perhaps wise not to depart from a well-known story. When she later returns to the stage (l. 2289), Montchrestien fails to turn her entrance to dramatic profit.

75. i.e. *navires*. Huguet comments: 'au pluriel, l'f (de nauf) ne se prononçant pas, on s'abstient de l'écrire...Sous l'influence du pluriel, on dit souvent *nau* pour *nauf* au singulier.'

76. Achaïe (Achaeus) was a legendary forefather of the Greeks whom Homer normally calls 'Achaeans'; so *camp d'Achaïe* simply means 'Greek army'.

77. i.e. Idomeneus, leader of the Cretans in the Greek army.

78. i.e. Sthenelus, the squire of Diomedes.

79. Following Homer, Montchrestien is able to give the messenger-speech a false peripeteia.

80. Juno had hated Troy from the Judgement of Paris onwards. Generally Montchrestien follows Dares in omitting this sort of reference to the Gods' interfering in human affairs.

81. To maltreat a corpse was held especially frightful since the *manes* (or shades) continued to exist in this mutilated state in the Underworld.

82. Thetis, a sea-goddess, was the reputed mother of Achilles. A vituperation normally includes insults of its subject's parents, just as an encomium praises him by lauding his forebears.

83. Cf. Montaigne's 'De la colère' (II. xxxi). Montaigne argues we should refrain from action when we are angry, for when we are enraged, 'c'est la passion qui commande lors, c'est la passion qui parle, ce n'est pas nous'. See also Andromache's comment on her husband's disobedience, l. 1642.

84. Now Hecube turns from a threnody for her son to lament her own and Priam's misfortunes. Thus the death of the hero is seen to be more than his own calamity: it has disastrous consequences too.

85. Views differed about the correctness of having a chorus after Act V of a tragedy. This chorus is, of course, very brief.

LA REINE D'ESCOSSE

1. The *Conseiller* is probably to be identified with William Cecil (created Lord Burghley in 1571), one of Elizabeth's principal ministers. It is characteristic of Montchrestien's style that no use is made of historical detail about this important figure.

2. Elizabeth was constantly in danger of being assassinated, and invasion was threatened throughout her reign. Nonetheless, she procrastinated in her dealings with Mary until the Babington Plot (1586), the last effort referred to in l. 51.

3. An allusion to the power of Spain in the second half of the sixteenth century and to her conquests in the New World. Ever since the betrothal of Catherine of Aragon to Prince Arthur and, after his death, her marriage to Henry VIII, Spanish policy had aimed to gain influence in England. This was the thinking behind the marriage in 1554 of Mary Tudor and Philip II, who (l. 23) is referred to as 'Ce Pyrrhe ambitieux', i.e. this doughty son of a mightier father, the Emperor Charles V. On Mary Tudor's death (1558), Elizabeth reasserted English independence, restoring the Protestant religion. Spain made abortive attempts to regain power over England; invasion, first considered in 1583, had been actively planned since 1585, but it was after the execution of Mary Queen of Scots that the Great Armada finally sailed.

4. It shows how widely known was the story of Mary Queen of Scots that Montchrestien is so imprecise here. Later a good deal of detail is given, not so much for the sake of exposition, as to provide Mary with material for a fine speech reviewing the prosperity and misfortune of her life.

5. The French poets all lauded Mary's beauty, but Montchrestien does not take up suggestions that the Queen of England was jealous of her captive for so petty a reason.

6. A commonplace sentiment, cf. Shakespeare's *Julius Caesar* II. ii. 32.

7. Huguet cites no other example of the omission of 'en' before 'presence': perhaps it is left out for the sake of the metre.

8. i.e. Spaniards.

9. Cf. the riddle in Shakespeare's *Pericles* I. i. 64–5:

> I am no viper, yet I feed
> On mother's flesh which did me breed.

In the Arden Edition F. D. Hoeniger notes that this is 'one of the many references in Elizabethan literature to the belief, ultimately derived from Herodotus and other classical sources, that vipers at birth eat their way out of the mother's body'.

For an account of another sixteenth-century dramatist's treatment of the ever-pressing threat of civil war, see Gillian Jondorf's *Robert Garnier and the themes of political tragedy in the sixteenth century* (Cambridge, 1969). The debate which Montchrestien develops later in the act, also has parallels in Garnier.

10. This suggestion that Elizabeth had complete freedom of action can only be taken as flattery on the part of the *Conseiller*. The situation bordered on the desperate, and all her advisers were putting pressure on her to convince her that she had no choice but to execute Mary.

11. Killing the Lernean Hydra, a many-headed monster which sprouted two more heads whenever one was cut off, was the second of the labours of Hercules (in l. 165, called Alcide, i.e. grandson of Perseid Alcaeus); see too ll. 623–4. Comparisons of the hydra and party-strife were commonplace (v. e.g., Ronsard's *L'Hydre defaict* in the *Discours des miseres*).

12. An allusion to Mary's implication in Darnley's death.

13. Now begins the topical debate on the relationship of monarchs towards God and the laws of the realm. Commenting on Mary's trial at Fotheringay, J. E. Neale remarks that 'academically it could of course be argued that a sovereign prince, as she claimed to be, was answerable to God alone, and subject to no law', but he implies—correctly no doubt—that the issue at the trial was to cover political necessity with a cloak of legality. All the same, the legal questions were debated with great seriousness and discussed widely. Sixteenth-century readers were familiar with the distinction the *Conseiller* draws between killing a monarch, held to be God's vice-regent on earth, and slaying a tyrant who has forfeited divine favour on account of persistent sin. Elizabeth is still hesitant: her views are close to those of Du Vair who wrote in his *Oraison funèbre de la Royne d'Escosse* that 'entre Dieu et les Roys il n'y a point de puissance moyenne. La souveraineté des Roys n'a autre juge que Dieu, et est pardessus tout le reste du monde.' (On these problems see J. Neville Figgis, *The Theory of the Divine Right of Kings* (Cambridge, 1896).)

14. Mary was a queen regnant like Elizabeth, mother of James VI (later James I of England) and wife to François II of France. Neither of Mary's two subsequent husbands, Darnley and Bothwell, was ever crowned. But Elizabeth's

allusion is probably to the former, for, though disappointed, he longed for the crown and had some claim to it. Moreover, when Montchrestien makes Mary give an account of her life (ll. 691–838), there is no reference to Bothwell at all, and it may be that Montchrestien took the view that Mary Queen of Scots never actually married him.

15. Cf. Romans viii. 31.

16. Elizabeth had reacted to Mary's earlier plots by transferring her from one castle to another. Originally treated with ceremonious deference, she was gradually subjected to harsher conditions. This was taken as an indication that she was no longer considered to be a queen but a malefactor who happened to be of noble birth.

17. Cf. Vergil's *Æneid*, iv. 366. Marlowe also recalls Vergil in his *Dido*, v. i:

> But thou art sprung from Scythian Caucasus,
> And tigers of Hyrcania gave thee suck.

Montchrestien refers to 'les Tigres d'Hyrcanie' in l. 550, evoking all that may be considered savage and barbarous.

18. See E. Armstrong's *Ronsard and the Age of Gold* (Cambridge, 1968) and Harry Levin's *The Myth of the Golden Age in the Renaissance* (Faber, 1970) on this topos. As Mrs Armstrong notes, Du Bellay conventionally evoked the Golden Age in a sonnet lauding Mary Queen of Scots (*Œuvres*, ed. Chamard, vi, p. 35).

19. Again showing no interest in the vivid portrayal of minor characters, Montchrestien presents the Parliamentary delegation as a chorus. At the opening, of course, one person speaks on its behalf. He may be identified as Sir John Puckering (1544–96) who presented to Elizabeth the Commons' resolution in favour of the execution of Mary Queen of Scots. The *Dictionary of National Biography* notes that his speeches to Queen Elizabeth were 'couched in the most grandiloquent style of loyal adulation'.

20. An allusion to the English victories in the Hundred Years War, called *frivole* probably because Montchrestien considered it was not fought to protect domestic interests.

21. In sixteenth-century French, *facond* had no pejorative force: it simply meant 'eloquent'. Mary Queen of Scots was praised by Brantôme for her skill as an orator, and in the dedication of his Ramist *Rhetorique françoise* (1555) Antoine Fouquelin speaks highly of her abilities. (See too l. 1595.)

22. Parliament had been pressing for the execution of Mary ever since 1572.

23. An allusion to the Armada: the Spaniards had oared galleys and galleases, as well as sailing galleons.

24. It was one of Elizabeth's less admirable traits to attempt to shake off ultimate responsibility for some of her actions, notably the execution of Mary, even though she was always careful to maintain her power. See note 28 for a particular example of her attitude to those who in fact were prepared to take some responsibility on her behalf.

25. *Memoire* is personified as Mnemosyne, the mother of the Muses. As she shows in the next speech, Elizabeth takes very seriously this allusion, so characteristic of the Renaissance, to eternal fame on earth as virtue's due reward. She

is more concerned about the practical outcome of her actions and the opinion men will have of her than about any possibility of divine retribution. (See too ll. 861–8.)

26. In the Renaissance there were several great female rulers,but there were strong prejudices against giving sovereign power to women.

27. For the sake of the metre, Montchrestien elides the *e* normally required on the past participle.

28. William Davison was Elizabeth's secretary. He was among those responsible for rushing Elizabeth to a decision over Mary and actually presented her with the warrant for signature. Subsequently he was punished by the vacillating queen as a public sign of her displeasure. He was, in fact, not present at Fotheringay at this time. His role may be compared with that of the Prevost de l'Hostel in Garnier's *Les Juifves*.

The chorus is made up of Mary's serving ladies whom Montchrestien does not individualize in any way. The use of more than one chorus in a tragedy is not uncommon in French Renaissance tragedies.

29. Montchrestien is again recalling Montaigne's 'Qu'il ne faut juger de nostre heur qu'après la mort' (*Essais*, 1. xix). From the first edition onwards, this had contained a reference to Pompey's treacherous murderers. In the 1595 edition (which Montchrestien most likely used) this afterthought was added: 'La plus belle roine veufve du plus grand Roy de la Chrestienté vient elle pas de mourir par main de bourreau, indigne et barbare cruauté.'

30. Mary's father had been defeated at Solway Moss just a fortnight before her birth. He died when she was only a week old. Afterwards her mother became Regent, but had endless difficulties both with the dissident nobility and the Protestants in the realm. The reference to her death (l. 741) is a little out of order, perhaps for sentimental effect. Mary of Guise did not die until 1560, some years after her daughter had left for France to marry the future François II (l. 747) who was himself to die after a short reign (l. 752).

31. Returning to Scotland in 1561, Mary married Darnley in 1565. After the murder of Rizzio and an apparent reconciliation, Darnley was killed in a mysterious gunpowder explosion in Kirk o' Field in 1567. Mary lost both by her marriage to this ambitious man and by her implication in his death.

32. This account of the Queen's wanderings, poetic and expressive as it is, does not correspond with history. She had some difficulty in escaping from Scotland and when finally she had abdicated in her son's favour she fled by land across the border into England.

33. Henry VIII and his successors had had little hesitation in making a policy of executing even the most illustrious of the nobility.

34. Cf. *Mors janua vitae*, the famous Christian adage, coined by St Bernard.

35. This is probably as much an allusion to the powerful Guise princes as to the royal house of France.

36. Elizabeth was, in fact, Mary's cousin. But it was commonly argued that all monarchs were interrelated by virtue of their office: as Bacon says in *The Advancement of Learning*, 'the anointment of God superinduceth a brotherhood in kings'.

37. Cf. Psalm cxlvi. 7 and Acts v. 18–21.

38. There is no attempt at realism here; yet the grandiose bluntness of this declaration does not lack brutal effectiveness.

39. First acts of French Renaissance tragedies often contain just one long monologue; for a later act to be devoted to a single soliloquy is unusual. Mary is accompanied by her maids who remain silent until the final chorus.

40. See Luke xvi. 22.

41. Cf. Psalm cxlii. The quotation is apt, for the Psalm speaks of those who persecute God's people. Psalm cxxx is echoed in ll. 1163–5.

42. The wood of the Cross.

43. James VI to whom Mary had to demit the crown in 1567. In fact, throughout his mother's captivity he 'played an ignoble part' (Dickinson, *History of Scotland*, p. 348), anxious not to endanger his own realm or diminish his chances of becoming king of England on Elizabeth's death.

44. In fact, after Mary's execution, her organs were buried within the walls of Fotheringay castle. Her body was embalmed and sealed in a lead coffin. Subsequently her body was transferred first to Peterborough, then to Westminster Abbey.

Montchrestien makes much of the evocation of Mary's affection for France and so appeals to a French audience.

45. It has been noted that in French versions 'Protestant Bibles usually translate Yahveh as *l'Éternel* (first found in Olivetan, 1535), where the Catholics have *le Seigneur* (Authorized Version, "the Lord")' (R. A. Sayce, 'French Versions [to *c*. 1600]', *Cambridge History of the Bible: the West from the Reformation to the Present Day*, ed. S. L. Greenslade, pp. 113–22). However this may be, Catholic writers, e.g. Ronsard, frequently used *l'Éternel*, and it is perfectly appropriate that the Catholic Mary should address God by this name.

46. Henri III of France who ruled from 1574 to 1589. He enjoyed some remarkable military successes. Earlier Amyot, who had directed his education, wrote his *Projet d'Éloquence royale* for him.

47. Mary refers to the house of Guise-Lorraine to which she was related through her mother. Its influence was great, especially after the death of Henri II: François de Lorraine won fame as a general, whilst his brother Charles became a Cardinal. The family combined dynastic ambition with conservative Catholicism. Its most distinguished ancestor, Godfrey de Bouillon, was King of Jerusalem in the twelfth century; hence the reference to Idumea.

48. It was François I who made the Louvre a major royal residence, and the Valois kings all used to stay there.

49. In fact (as Montchrestien's audience most probably knew), Mary's ladies were not allowed to render her this final service, and it appears that the Queen was shocked to be stripped by the executioner. In her last days, Mary was progressively deprived of the service she was entitled to expect as a monarch, and this circumstance seems to have struck contemporary opinion forcefully.

Mary's comment in l. 1278 about the respect due to a corpse may be compared with similar attitudes found in *Hector*, but, such is the stress Mary places on the immortality of her soul, the impact is rather different.

50. See note 2 on the *Epistre*.

51. Mary's *maistre d'hostel* was Sir James Melville of Halhill (1535–1617) who

was her companion from early youth on. He was, in fact, present at the execution, though he was kept from the Queen earlier on.

52. The *de* after *contraindre* is often left out in sixteenth-century French.

53. The manner of Mary's execution was not, in fact, especially barbarous. She was beheaded with the axe, the mode of execution reserved for the well-born: commoners were hanged, and many nobles sentenced to hanging petitioned for the privilege of decapitation. (A swordsman was brought over specially from Calais, then an English possession, to behead Anne Boleyn, but this was most unusual.)

54. The great hall at Fotheringay and the scaffold were draped with black velvet. But the adjective *noire* has, of course, metaphorical reverberations too.

55. The local gentry were summoned to Fotheringay to witness the execution.

56. Sir Amias Paulet was entrusted with the guarding of Mary.

57. Cf. *festina lente*, one of the most famous of adages.

58. Mary scornfully rejected the ministration of Dr Fletcher, the Anglican dean of Peterborough. He prayed in English, whilst Mary used Latin except for a final petition in English for her persecutors.

59. At confession, the kneeling penitent thrice smites his breast as a sign of contrition.

60. The authorities all agree that the executioner struck three blows with his axe.

61. Cf. La Taille's *La Famine*, ll. 1010–19.

62. Berenice, wife of Ptolemy III Euergetes (not the Berenice in Racine's tragedy). She dedicated her hair to Venus when her husband was on a campaign. It disappeared from the temple, supposedly being carried to the heavens to be placed among the stars; hence the constellation *Coma Berenices*.

Earlier Mary's hair had been, according to Brantôme who knew her personally, 'beaux, [...] blonds et cendrés'. The historians all make something of the fact that by the end Mary had turned grey and wore a wig. Montchrestien suppresses these details, for all that they were used in other accounts to bring home to the reader the horror of Mary's death. Perhaps he felt the detail was too specific to be incorporated in tragedy.

GLOSSARY

Words whose meaning can readily be found in good dictionaries of Modern French are not listed here. In cases of difficulty, the following are valuable sources of information: E. Huguet, *Dictionnaire de la langue française du XVIe siècle*; Randle Cotgrave, *A Dictionarie of the French and English Tongues* (1611); G. Gougenheim, *Grammaire de la langue française du XVIe siècle*; P. Rickard, *La Langue française au XVIe siècle*.

accorder à, to agree with
aceré, hard as, made of, iron
adresser, s', to make one's way
agu, sharp, pointed
aguet, un, trap, snare
aheurter, to strike
aimant, *s.m.* adamant, steel
aimantin, adamantine, made of steel
ainçois, but rather
ains, but rather
alarmes, les, skirmish, fray
alme, refreshing
altère, en, disturbed, agitated
amortir, to extinguish, damp down
apprins, past. part. of *apprendre*
argument, un, proof, evidence

bander, se, to band together, join forces
bataille, la, army, division of troops
bers, le, cradle
blasonner, to say ill of
blasphemer, to censure, find fault with
bourel, homicidal, murderous
boutade, la, impulse, urge
bris, le, fragment
brouillat, le, fog, mist

ça, here
camp, le, army
cerceau, le, wing-tip
combourgeois, le, citizen
comparoir, to appear

conquester, to conquer
cordele, la, party, faction
coucher pour, to lay claim to
coup, un, *adv.* once
coupeau, le, top
courage, le, heart, seat of emotions
courre, to run
credit, à c., without good cause

debor, le, overflowing
decouper, to accuse
delascher, to throw
demener, se, to make itself heard
Démon, le, God, tutelary spirit
destourber, to trouble
devant que, before (temporal)
discourir, to think, reason
discours, le, imagination, mind, thought
disparoir, to disappear
distraire, to entice away
divertir, to entice away
douloir (deult), to grieve
du depuis, since

enfourner, to take part in
entre-deux, un, compromise
esclandre, un, disaster
estoffé, stored, furnished with
estomach, un, breast, chest
estomaquer, s', to grieve
estonné, shaken
estonnemen, un, fright, fear
estraindre, to link together

estriver, to dispute
exercite, un, army

faillir, to come to an end
fauteur, le, one who favours, countenances
fournir, to complete, come to end of

geniture, la, offspring
gesner, to torment, torture
gouvernal, le, rudder, helm
gros, le, body of troops

haineux, le, enemy, foeman

imparable, inevitable, inescapable
indiscret, foolish

los, le, praise
loy, authoriser en l., to defend as good or right
lumiere, la, eye

malheuré, unhappy
minuter, to plot, plan
monde, un m. de, a large number
monument, le, tomb, grave

nepveu, le, grandson
noise, la, strife
nourriture, la, upbringing

objet, un, loved one
ombre, sous ceste o., on this pretext
onc, ever

partir, to divide
pasmer, to cause to faint
perir, to kill

pieça, long ago
piper, to deceive
planter, to establish
pocher, to blind, put out (eyes)
pointe, suivre sa p., resolutely to complete what one has begun
port, le, bearing, carriage
possible, *adv.* perhaps
pour, être p. + *inf.* to be sure, certain to
poureux, fearful, frightened
préjugé, le, sign, token
prix, au p. de, in comparison with

quand et, *prep.* with
quant et quant, at the same time
quelquefois, one day in the future

racler, to destroy, kill
radopter, to join again
rallegrer, to cheer up
ramentevoir, to remember
ravasser, to muse, day-dream
rebouché, blunt
requoy, à r., quietly, at rest
restiver, to hesitate
ronfler, to snort

s'elle = *si elle*
semondre, to invite
serener, to make calm
sergeant, le, bailiff
si + *inversion,* and yet, nevertheless
soudain, *adj.* ready, eager

tancer, to upbraid, wrangle with
theatre, le, platform, stage
travailler, to torment

venteux, inconstant, changeable